Antonio Mira de Amescua

Los prodigios de la vara y capitán de Israel

Edición de Vern Williamsen

Barcelona **2024**
Linkgua-ediciones.com

Créditos

Título original: Los prodigios de la vara y capitán de Israel.

© 2024, Red ediciones S.L.

e-mail: info@linkgua.com

Diseño de cubierta: Michel Mallard.

ISBN tapa dura: 978-84-1126-257-6.
ISBN rústica: 978-84-9816-109-0.
ISBN ebook: 978-84-9897-586-4.

Sumario

Brevísima presentación

La vida

Antonio Mira de Amescua (Guadix, Granada, c. 1574-1644). España.
De familia noble, estudió teología en Guadix y Granada, mezclando su sacer-
docio con su dedicación a la literatura. Estuvo en Nápoles al servicio del
conde de Lemos y luego vivió en Madrid, donde participó en justas poéticas
y fiestas cortesanas.

Personajes

Nacor, egipcio
Eliacer, veedor egipcio
Faraón, Rey de Egipto
Termud, su hija
Moisén, hebreo
Masar, gracioso
Arón, hermano de Moisén
María, su hermana
Jetro, madianita
Datán, hebreo
Solomí, esposa de Datán
Avirón, hermano de Datán
Séfora, hija de Jetro
Adar, pastor
Josué
Un Ángel
Músicos

Jornada primera

(Suena un tambor y salen Nacor y Eliacer, egipcios.)

Nacor   El militar alboroto
me obliga, amigo Eliacer,
a preguntar por saber
la causa de este rumor;
     que como yo he estado ausente
tanto tiempo de esta tierra,
no he sabido de esta guerra.

Eliacer   ¿Eso es pedir que lo cuente?

Nacor   Sí amigo.

Eliacer   Pues escuchad;
que brevemente sabréis
la causa y pretexto. Veréis
por los ojos la verdad.
     Sabed, que el Rey de Etiopia,
Rey de bárbara opinión,
rerdir quiso a Faraón
fiado en su mucha copia
     de soldacos.

Nacor   ¿Y qué causa,
siendo convecinos todos
y tratados por mil modos
er la amistad, puso causa?

Eliacer   Sobre una ocasión bien leve
se deshizo el amistad
que quien tiene voluntad

de reñir, presto se atreve.
    De una peculiar cuestión
en los tratos comenzó,
y a fe que caro costó
al principio a Faraón.
    Porque los nuestros volvieron
de Etiopia maltratados,
y fueron tan apretados
que a los pies alas pusieron.
    Mas ya veréis que gozosos
en bien han trocado el mal,
y este atambor es señal
de que vuelven victoriosos.

Nacor   ¿Quién el capitán ha sido?

Eliacer   Un hebreo de nación.

Nacor   ¿Cómo, o por qué?

Eliacer   Faraón
se vio en el caso afligido.
    Al oráculo acudió
y, habiéndole consultado
todo lo que había pasado,
aquesta respuesta dio:
    «Si en vuestro favor y ayuda
en tan peligroso empleo,
tomáis capitán hebreo,
de que venceréis no hay duda.»
    Y luego eligió a Moisén,
que sus ejércitos rija.

Nacor   ¿Es el que sacó su hija

del Nilo?

Eliacer   El mismo.

Nacor   ¡Qué bien
                   que ejércitos regirá
                   quien de guerra no ha tratado!

Eliacer   Antes es tan gran soldado
                   que vencedor vuelve ya.

Nacor   Decid, si sabéis, por qué
                   su madre le echó en el Nilo.

Eliacer   Aunque con rústico estilo,
                   escuchadme, y lo diré:

                      Viendo el Rey Faraón, que los hebreos
                   en número crecían cada día,
                   temió que no creciesen en deseos
                   contra su potestad y monarquía;
                   y antes que en este caso fuesen reos,
                   quiso atajar aquello que temía,
                   y pretendió salir de estas quimeras
                   convocando de Egipto las parteras.
                      Con potestad de Rey, aunque tirana,
                   mandó que en cualquier parto que se hallasen
                   de la nación hebrea, loca y vana,
                   si era varón, al punto le matasen,
                   aunque era acción cruel, poco humana;
                   pero que siendo hembras, las guardasen
                   porque haciéndolo todas de esta suerte,
                   nunca de Egipto tratarían la muerte.
                      Las parteras, al fin, a Dios temieron,

y aunque el Rey como Rey lo había mandado,
de aquesta tiranía se abstuvieron
por no ver de su Dios el rostro airado;
otra vez ante el Rey llamadas fueron,
riñéndolas no haber ejecutado
al .... [-onden]
que los hebreos, ya de ellas se esconden.
    Para poner por obra el Rey su intento,
en público pregón pronunció un bando,
mandando nadie tenga atrevimiento
del pueblo de Israel, caso nefando,
a los hijos varones dar sustento;
sino que luego al punto, aunque llorando,
en el Nilo los echen porque sea
sepulcro el Nilo de la gente hebrea.
    Y para que ninguno se escapase
criándole secreto, se hiciese
general escrutinio, y se mirase
en todo el pueblo hebreo, lo que hubiese
cada tres meses, y se castigase
al que aqueste mandato no cumpliese,
y con tanto rigor se ha ejecutado
que solo aqueste hebreo se ha escapado.
    Nació Moisén, y viéndole hermoso,
sus padres con secreto le criaron;
llegóse al fin el tiempo riguroso
de los tres meses, y los dos trazaron
de las manos librarle de aqueste oso,
un ataúd de mimbres fabricaron
en él al rapaz tierno le pusieron
y en confianza al cielo se le dieron.
    Entregáronle al Nilo, y su corriente
y la voluble casa del infante
sobre el curso veloz de la creciente

comienza a navegar, pasó adelante
cuando Termud, saliendo con su gente,
a la orilla del Nilo, vio vagante
andar sobre las aguas la cestilla,
y mandó que la saquen a la orilla.

    Del ataúd corriendo la cortina,
perlas vertiendo al rapacillo hallaron,
y al instante la infanta se imagina
que al Nilo los hebreos le entregaron
por no ver de su vida la ruina;
quien el pecho le diese procuraron,
y sin saber de madre ni de padre,
ama fue del rapaz su misma madre.

    De la infanta por hijo, fue adoptado,
y como era tan bello y tan hermoso
de todos los egipcios adorado,
de Termud mucho más, y de su esposo;
el cielo sabe por qué oculto hado,
pues teniendo principio riguroso,
y tanto, que quisieron darle muerte
agora es estimado de esta suerte.

Nacor   ¿Quién le quiso matar?

Eliacer   Estadme atento.
Por hacer fiesta al padre y alegría,
Termud se le llevó con gran contento,
diciéndole que viese lo que hacía
en sus brazos el Rey, le hizo asiento;
y la corona real que le ceñía
en señal de amistad y por grandeza,
al infantico puso en su cabeza.
    Y como quien no estima la corona,
con notable furor la echó en el suelo,

sentida le mostró la real persona
corriéndose al contento un triste velo.
Termud, por inocente, su hijo abona,
que no es presagio aquel del santo cielo,
mas el rapaz, al fin, con ser criatura,
del dios Amón, deshizo la figura.
    Un sacerdote quiso darle muerte,
ostentando que a Egipto le importaba,
y mirando la infanta el trance fuerte
lágrimas por el hijo derramaba,
ser infeliz, diciendo, y triste suerte;
mas viendo Faraón lo que lloraba
que no le maten, dice, dando vida
al que casi la tuvo ya perdida.
    Creció Moisén. Al fin, llegó a ser hombre.
Hubo esta controversia en Etiopia
el Oráculo dice que se nombre
un capitán hebreo, y con la copia
de soldados gitanos, y su nombre
tendrán los Etiopes, mucha inopia.
Nacor, ésta es su historia, esto contiene,
y aquéste es Faraón que a verle viene.

(Al son de chirimías salen con majestad Faraón y Termud, su hija, y siéntanse.)

Faraón   Con externo regocijo
                          te puedes mostrar, Termud,
                          cuando viene con salud
                          y con victoria tu hijo.

Termud   Es tan grande, mi señor,
                          el regocijo que tengo
                          que contigo a verle vengo
                          llena de gusto y amor.

          Por muchas partes me toca
el estar con mucho gusto,
y tanto que fuera justo
en esta ocasión ser loca.
          Porque esta ocasión abona
la persona de Moisén,
mostrando no ser desdén
el arrojar tu corona.
          Y el que con resolución
darlo la muerte intentaba
lo que su vida importaba
verá en aquesta ocasión.

Faraón   Bien los sabes ponderar
como parte apasionada,
pero verás si me agrada
cuando le llegue a premiar;
          que tal premio darle pienso
que si otro hijo no tienes,
haré, dándole mis bienes
que le dé aroma e incienso
          Egipto, pues es testigo
de su notable valor,
que obliga a tenerle amor
aun el mayor enemigo.

Termud   Que los pies os bese, es bien
por tan notable favor;
(De rodillas.)   que a mí me le hacéis, señor,
cuando está ausente Moisén.

Faraón   Aquesto, hija querida,
no te cause espanto, no,
que no es mucho le honre yo

cuando él me da honor y vida.

(Al son de chirimías y atambores, entran en forma de escuadrón Masar, gracioso, y todos los más que pudieren con bandera y delante Moisén con bastón, muy galán, a lo gitano, y todos los demás.)

Moisén	Los pies beso a vuestra alteza.
Faraón	Alza, capitán valiente.
Moisén	En lugar tan eminente así ha de estar mi bajeza.
Faraón	Tu madre presente tienes, su mano puedes besar.
Moisén	No soy digno de alcanzar tan gran favor.
Termud	¿Cómo vienes de la jornada, Moisén?
Moisén	Seguro ya de embarazos.
Termud	Levanta, y toma mis brazos, que en la tierra no estás bien.
Faraón	¿Cómo tanto has tardado?
Moisén	No he podido más, señor.
Faraón	Créolo de tu valor. Cuéntame lo que ha pasado.
Moisén	Después, señor, que partí

al son de trompas bastardas,
animando a tus soldados
el retintín de las cajas,
y yo con nuevo valor
deseando que llegara
tiempo de escaramuzar
para mostrar mis hazañas,
no porque yo confiase
de mí, mas porque llevaba
dentro en mi pecho tu nombre
que al más cobarde animara,
y fuera de esto, señor,
los favores de tu gracia,
porque la gracia del Rey
infunde esfuerzo en el alma
del vasallo. Finalmente
partí con tus reales armas
a castigar a arrogantes
llenos de esperanza vana.
Y como el feliz suceso
de la buena guerra es trazas
por hallarlos descuidados
usé de una extraordinaria.
No quise embarcar tu gente
porque entregándome al agua
el vernos era forzoso
y había duda en la batalla;
mas caminando por tierra,
aunque toda llena estaba
de serpientes y culebras
obstáculo de la entrada
por su ponzoña, mandé
que se fabricasen arcas
de mimbre y juncos marinos,

porque sirviesen de jaulas
la gran copia de cigüeñas
en quien puse mi esperanza,
enemigos capitales
de esta nociva canalla.
Hice el viaje con ellas
y determiné soltarlas,
antes de llegar al paso
donde la ponzoña estaba.
De sus moradas salieron
al viento dando sus alas,
y, viendo a sus enemigos
como si el clarín tocaran,
la batalla comenzaron,
siendo los picos sus lanzas
despedazando serpientes
con el furor de sus garras.
Teniendo ya el paso libre
llegué en muy pocas jornadas
a dar vista al enemigo
que bien descuidado estaba.
Orden di de acometer
y al fin llegando a las armas
les sobrepujé y vencí;
muriendo las esperanzas
que tenían de Reinar
en Egipto, y la batalla
vencida, sus heredades,
todos sus panes y casas,
no dejando cosa en pie,
convertí, señor, en brasa.
Y entrando la tierra adentro
llegué a la ciudad de Gaba,
y por ser inexpugnable,

por estar de agua cercada,
forzoso fue hacer el real
a vista de sus murallas.
Tarbis, la hija del Rey
en esta ocasión Reinaba
por haber muerto su padre;
y saliendo a una ventana
a ver mi esfuerzo y valor
por estar aficionada
de quien tuvo atrevimiento
de tan valerosa hazaña
que fue llegar a sitiar
su fortaleza y alcázar,
cuando yo —por ser el Nilo
de tal valor y pujanza—
tímido estaba y confuso
de ver que no podía entrarla.
Tarbis forzada de amor
me envió aquesta embajada,
que si me quiero casar
con ella, que su real casa
con su reino y la corona
sujeta y rinde a mis plantas.
Y aunque era ocasión aquésta
que honor y reino me daba,
pretendiendo ser leal
con bien resueltas palabras,
respondí al embajador
diciendo, que aunque ganaba
en acertar el partido,
vasallo era del monarca
más excelente del mundo;
y que así más estimaba
ser leal a Faraón

que esta jornada me encara
que no ser Rey de Etiopia
con afrenta y con infamia;
mas con todo —si quería—
pues tanto amor la apretaba,
entregarte la ciudad,
y darte tributo y parias
que al punto me casaría
con ella de buena gana.
Volvió a mí el embajador
y respondió que aceptaba
el partido por gozarme.
Ésta ha sido mi tardanza.
Con Tarbis me casé, al fin,
mas ya queda repudiada,
porque venir no ha querido
a vivir entre gitanas,
y porque no publicase
de mí alguna lengua bárbara
que era ingrato a Faraón
y contra él me alzaba,
a Tarbis repudio di
y la puse en mis espaldas;
que es justo que el gusto muera,
porque viva de honra y fama.
Por tuya queda Etiopia.
Tributo y paras te paga.
Yo tu humilde esclavo soy;
tú, señor, quien me levanta
dándome honra al ser que tengo.
Pon «ese y clavo» en mi cara
para que el mundo publique
por siglos y edades largas:
«De Faraón es esclavo

Moisén.» ⌣ en tierras extrañas
a tu invencible valor
fabriquen de bronce estatuas;
pues a un esclavo hiciste
general de esta jornada,
que agora humilde a tus pies
para besarlos aguarda.

Faraón

    Alza del suelo Moisén
y tanta humildad destierra,
que no está bien en la tierra
quien sabe pelear tan bien.
    Tus brazos han de enlazar
los míos, que en esta acción
quiere mostrar Faraón
lo que te piensa estimar.
    No en balde yo te entregué
el bastón de general;
siempre te juzgué leal.

Moisén

Y siempre leal seré.

Faraón

    Y porque en toda ocasión
tengas regalo y quietud,
pide albricias a Termud
de amigo de Faraón.
    Estima aquesta amistad
con razón justicia y ley;
que ser amigo del Rey
es la mayor dignidad
    y esto será sin vaivén.

Termud

Yo estimo aquese favor
pues a cuenta de mi honor

está el honor de Moisén
y como tanto interesa
mi alma de su opinión,
en ésta y toda ocasión,
por tu esclava se confiesa.

Masar   ¿Hasta cuándo han de durar
mercedes y cortesías?
A estar sus tripas vacías,
como las tiene Masar,
   no estuvieran tan de espacio.
¡Oh, maldito sea el servir
que no se puede sufrir,
y más, [a] amo de palacio!
   Uno da y otro recibe
los favores con desdén.
¡Ah, no fuera yo Moisén
ya que en gracia del Rey vive!
   Tomara cuanto me diera.
Si él no lo quiere tomar
aquí está el pobre Masar.

(Llégase a Moisén.)

Moisén   Que callaras mejor fuera.

Faraón   ¿Quién es aquese soldado
que tan libre habla aquí?

Masar   Señor, yo.

Moisén   Sírveme a mí.
Masar, ¿cómo te has turbado?
Masar   ¿A quién no hará turbar

mirando tan mala cara?
Al mismo diablo turbara
si le llegara a mirar.

Faraón   Parece de buen humor.

Masar   Señor, téngolo extremado.
Soy tan valiente soldado
que al Rey negro di temor.

Faraón   Si era muerto, ¿cómo así?

Masar   En eso el misterio está.
Supo, como yo iba allá
y diciéndole de mí,
luego dijo al mismo punto:
«No me le atrevo a guardar
porque me ha de sujetar.»
Y así me aguardó difunto.

Faraón   Después me vendrás a ver
para premiar tu valor.

Masar   En conociendo mi humor,
sé que merced me has de hacer.

Faraón   Moisén, vete a descansar.
Termud, llévale a tu cuarto.

Masar (Aparte.) (Desde hoy quiero ser lagarto
con el Rey.)

Faraón   Acompañar
podéis los dos a Moisén

y volved al punto aquí;
que aquí os aguardo.

Eliacer   Sea así.

Nacor   Obedecerte está bien.

(Tocan y vanse todos con cortesías. Queda Faraón solo.)

Faraón   Moisén llevó mis armas por divisa,
en mi nombre a Etiopia ha conquistado,
a que me pague parias la ha obligado,
y de lo que ha pasado, aquí me avisa.
    Ofrécele su reino la etiopisa,
con Tarbis finalmente se ha casado,
y dice que por mí la ha repudiado
y que solo por verme viene aprisa.
    ¡Dejar mujer y un reino! No lo entiendo.
O es inmensa lealtad o traición suma.
Palabra di a Termud de ser su amigo.
    Si no la cumplo, mi persona ofendo,
si esto es lealtad, prevéngase la pluma,
y si es traición, prevéngase el castigo.

(Salen Eliacer y Nacor.)

Nacor   Antes, señor, que tu intento
nos digas, quiero decir
lo que no puedo sufrir.

Faraón   Pienso que en mi pensamiento
estás. Prosigue adelante.

Nacor   Estoy, señor, espantado

de lo mucho que has honrado
a aqueste hebreo arrogante.
    Si por tu amigo señalas
un esclavo, no haces bien;
que aunque se muestra Moisén
tan humilde, le das alas
    contra tu misma persona,
y fiado en tu favor
puede ser que sea traidor
y te quite la corona.
    Porque estando de su parte
los presos de su nación,
hacer pueden tal unión
que, al fin, vengan a matarte.

Eliacer   Si mi parecer tomaras,
aunque parezca rigor,
matarle fuera mejor
antes que muerto quedaras.
    Asegura tu persona,
dando con Moisén al traste
ya que vida le dejaste
cuando arrojó tu corona.
    Señor de aqueste hemisferio
eres; haz aqueste empleo.
Pues te han dicho que un hebreo
ha de asolar este imperio,
    ninguno de todos ellos
lo puede hacer mejor
porque tú le das favor
para humillar nuestros cuellos.

Faraón   En lo que decís estoy;
para aquesto os he llamado

porque me dejó admirado
lo que en él he visto hoy.
   Dentro en mi pecho dudaba
si era lealtad o traición,
que semejante ocasión
a que dudase obligaba.
   Por otra parte le di
palabra de ser tu amigo
siendo Termud el testigo
de lo que le prometí.
   Matarle agora no es ley
porque no ha dado ocasión.
¿Quién ha visto confusión
como ésta en pecho de Rey?

Nacor
   Si un Rey está receloso
de un vasallo, no es crueldad
—hasta saber la verdad
de lo que está temeroso—
   prender a quien le ha alterado
el pecho, y la confesión
descubrirá la intención.

Faraón
Tu consejo me ha agradado,
   pero no podré acabar
conmigo prenderle así
porque palabra le di
y no se la he de quebrar;
   mas, claro está que Moisén,
si comete algún delito,
que se publica en Egipto
mi rigor y mi desdén.

Nacor (Aparte.)
   (Pues, aunque el amor lo impida

del Rey, y sepa morir,
le tengo de perseguir
hasta quitarle la vida.)

(Vanse y salen Arón y Datán, con hábito humilde a lo judaico.)

Arón   Lloraba Jeremías
                    lo que el pueblo de Dios ve por los ojos;
                    ya llegaron los días
                    en que Dios ha vengado sus enojos.
                    Castigo es merecido
                    pues que nos avisó y no fue creído.
                         La Reina de las gentes,
                    la ciudad populosa, rica y bella,
                    a quien daban presentes
                    otras provincias, ya la pisa y huella
                    Egipto, que es castigo
                    de quien a Dios no tiene por amigo.
                         Subir quiso a la cumbre
                    del monte Olimpo con su gran riqueza,
                    y agora en servidumbre
                    de pan no le ha quedado una corteza.
                    El niño no se harta
                    que no hay quien se lo dé ni quien lo parta.
                         Cuando prendas había
                    bien con ellas sustento se hallaba.
                    Entonces bien comía
                    el pueblo de Israel que preso estaba;
                    mas agora, el tributo
                    no hay quien pague ni tenga el rostro enjuto.

Datán   ¿De dónde habrá nacido
                    tratar con tal rigor a los hebreos
                    y haberlos oprimido

en crueldades trocando los deseos
que antes buenos tenía?
¿Quién trocó su piedad en tiranía?
   Todos nos espantamos
ver que siendo Moisén tan gran su amigo
más cargados estamos
de penas y tributos. Buen testigo
soy yo, pues me ha alcanzado
más parte del rigor y del enfado.
   Dábanos leña y paja
para cocer y fabricar ladrillo;
pero aquesto se taja,
sin que pueda ninguno resistillo.
Pues convertido en peña
manda que no nos den paja ni leña.
   Y aquesto de tal suerte,
que los mismos ladrillos demos que antes.
¡Trance terrible y fuerte!
Pues todos nos maltratan arrogantes,
dándonos por regalo,
si el número no damos, coz y palo.
   A Moisén culpan todos,
por ser en quien tenían confianza
pues ya por varios modos
nos afligen, después que está en privanza,
y así dicen que ha sido
quien al Rey en aquesto le ha metido.

Arón   ¡Ah, privanza, privanza!
¡Objeto de envidiosos y enemigos,
si el que pide no alcanza,
enemigos se vuelven los amigos!
¡Triste del más privado
pues del pequeño al grande es envidiado!

Datán, ¿quién más quisiera,
que Moisén, libertar su pueblo triste
si con el Rey pudiera?
En hablar de esa suerte le ofendiste
que quizás lo ha intentado
y nos maltratan porque lo ha tratado.
    ¿Piensas tú, que descansa
cuando en trabajos mira al pueblo hebreo?
Datán, tu furia amansa
que Moisén no lo tiene por trofeo;
que antes nuestros enojos
lágrimas cuestan a sus tristes ojos.

(Dice dentro Masar.)

Masar   ¡Ay de mí! ¡Ay, madre mía!

Arón   ¿Qué es aquello?

Datán   Masar es, que se queja.

(Sale Masar llorando, con picos y azadones. Llora.)

Masar   ¿Dónde estará mi tía
                             la zurda y calva, aquella buena vieja,
                             que cuando yo lloraba
                             con un paño de estopa me limpiaba?
                                 ¿Quién me limpiará agora,
                             que hay lágrimas que corren hasta el suelo?

Arón   Masar, ¿un hombre llora?

Masar   No es mucho. Quien está en tal desconsuelo
                             que llore, y que rellore.

Arón   Paciencia y pide a Dios que lo mejore.

Masar   Tenga paciencia un puto,
              tenga paciencia un muerto que no siente,
              tenga paciencia un bruto,
              tenga paciencia un santo penitente,
              mas yo, que fui soldado,
              Arón, no puedo estar apacienciado.

Datán   ¿Cómo dejas la guerra?
              ¿Ser soldado, Masar, es mala vida?
              ¿Por qué el pesar te atierra?

Masar   Porque mandó a Moisén que me despida
              aquese Faraoncillo
              y me enseñe a hacer teja y ladrillo.
                  Después que de Etiopia
              Moisén vino triunfante, está de suerte
              [de mercedes que hacía]
              [que ha mudado la copia] en cruda muerte.
              y todos sus trofeos
              son afligir y maltratar hebreos.
(Llora.)   ¡Y quieren que no llore
              cuando por fuerza me hacen ladrillero,
              y porque me enamore
              del veedor de las obras, ladrón fiero,
              porque no andaba al trote,
              el cuerpo me molió con un garrote!
                  Ya miedo le he cogido;
              quiero irme, no venga aquel tirano.

Datán   El primero no has sido
              que a muchos parte alcanza.

Arón   Mano a mano
                    vamos a hacer ladrillo.

Masar   ¡Oh, quién diera con uno a Faraoncillo!

(Vanse y sale Solomí huyendo de Eliacer.)

Eliacer   Aguarda tirana hebrea.
                    No te muestres tan cruel.

Solomí   Soy del pueblo de Israel,
                    y mi ley manda que sea
                       fiel a Dios y a mi marido.

Eliacer   Si miras mi mucho amor,
                    cesará.

Solomí   ¿Qué?

Eliacer   Tu rigor.

Solomí   Mucha piedad he tenido
                       pues no lo he dicho a Datán
                    dos años que ha que me sigues.
                    Déjame ya, no me obligues
                    que se lo diga, que harán
                       en ti los de mi nación,
                    si saben tu atrevimiento,
                    castigo, que sea escarmiento
                    para el mismo Faraón.
                       Y cuando Datán no lo haga,
                    si público llega a ser,
                    yo misma sabré, Eliacer,

tomando una espada y daga
    matarte, y de tal manera
lo haré, si pasas de aquí
que digan que Solomí
te ha dado la muerte fiera.
    Si en dos años, no has oído
una palabra de amor
de mi boca, ¿no es error
lo que agora has aprendido?
    Vuélvete, loco Eliacer.
Refrena tu pensamiento;
que castigaré tu intento,
que soy hebrea y mujer.

(Vase.)

Eliacer   Tente, aguarda. ¿Adónde vas?
Vuelve, cruel cocodrilo,
sorda sirena del Nilo.
Oye, que me enciende más
    tu desdén y tu rigor.
No huyas de quien te adora.
De esclava serás señora
correspondiendo a mi amor.
    Y si no cesa el desdén
con tus locos devaneos,
mataré cuantos hebreos
viven dentro de Jesén.
    A ti misma te haces daño
en hacerte de rogar;
que te tengo de gozar
por amor o por engaño.

(Vase y sale Nacor, y Faraón, dándole unos memoriales.)

Faraón
Lee, Nacor, aquesos memoriales.

(Lee.)

Nacor
Dice aquéste: «Señor, al pueblo importa
que de Moisén se ataje la privanza;
que hay pronóstico cierto que un hebreo
destrucción ha de ser de todo Egipto,
y de Moisén se temen infinito».

Faraón
Más pienso que es envidia que otra cosa,
veráse el memorial. Pasa adelante.

(Lee otro memorial.)

Nacor
«Si estar seguro quieres en tu estado,
no tenga a Moisén por tu privado.»

Faraón
¿Qué es aquesto, Nacor? ¿Quién causa ha sido
de que Moisén esté mal recibido?

Nacor
Señor, el reino teme aqueste hebreo
porque como son muchos, ser podría
a trueque de salir de cautiverio
conjurarse y quitarte aqueste imperio.

Faraón
Mira, Nacor, ¿qué dice el que se sigue?

(Lee otro.)

Nacor
«En caso que vuestra majestad no se resuelva
de quitar a Moisén el nombre de su amigo, lo
está el reino de no obedecerle; que es afrenta

de la nación gitana que el Rey Faraón estime
tanto a un hebreo dando ocasión a que se sigan
inconvenientes que no se puedan remediar.»

Faraón   Tente, Nacor. No pases adelante.
                mucho me aprieta el reino en este caso
                porque Moisén está tan obediente
                y le hallo tan leal a mi persona
                que merece del reino la corona.
                Bien es verdad que temo lo que dice
                mas también es verdad que nunca he visto
                de qué recelar pueda lo que temo.
                Pues, ¡matar un amigo —¡Bravo caso!—
                y más sin que haya causa de matarle!
                Mas a un vulgo alterado no hay quien pueda
                resistir. ¿Qué he de hacer? Que en este caso
                si a Moisén doy la vida, me la quito,
                mas si del reino la quietud estriba
                en que muera Moisén, Moisén no viva.
                Confesando, aunque vence su porfía,
                que matarle sin causa es tiranía.

(Vanse y sale Eliacer, de noche.)

Eliacer   Todo es máquinas, Amor,
                y viendo que Solomí
                me ha tratado con rigor,
                cuando estoy fuera de mí,
                me obliga a que sea traidor.
                   Esta noche lo he de ser
                aunque pierda honor y ser.
                A Datán quiero llamar
                que se vaya a trabajar,
                y ya que corresponder

a mi afición no ha querido,
la he de gozar engañada;
porque en saliendo el marido,
la pienso cejar burlada,
siendo marido fingido.

(Llama y responde dentro Datán.)

Datán   ¿Quién llama con tanto afán.

(Enfadado Eliacer.)

Eliacer   [Soy yo, Eliacer, Datán.]
                         Bien excusarse pudiera
                         que yo a llamarte viniera
                         cuando aguardándote están
                           los maestros y oficiales.
                         Y si después el veedor
                         pide números cabales
                         de su ordinaria labor,
                         harán sus ojos canales
                           llorando y regando el pecho;
                         y de las faltas que ha hecho,
                         por no madrugar un hora
                         no se acuerda, aunque más llora;
                         que está de sí satisfecho.
                           ¿Hasta cuando he de aguardar?

(Dentro.)

Datán   ¿Parécete que me tardo?

Eliacer   Ya me canso de llamar.

Datán   Ya voy.

Eliacer   En palacio aguardo
                         que esto es mucho esperar.
(Aparte.)   (¡Ay, Amor, qué de invenciones
                         aunque eres niño fabricas!
                         Todo eres transformaciones,
                         ya cautelas multiplicas,
                         y ya descubres traiciones
                            aunque aquésta has de celar
                         hasta que llegue a gozar
                         esta engañada mujer.
                         Aquí me quiero esconder
                         para volver luego a entrar.)

(Vase y sale Datán.)

Datán   No entiendo esta novedad
                         de llamarme a mí el veedor.
                         ¿Qué será aquesta piedad?
                         ¿Si acaso trueca en amor
                         su rigor y su crueldad?
                            No sé lo que puede ser.
                         Partirme quiero a saber
                         la verdad de aqueste caso.
                         ¿Cuándo los males que paso
                         fin dichoso han de tener?

(Vase y sale Eliacer.)

Eliacer   Datán se fue y ha dejado
                         con el cerrojo la puerta.
                         Dichoso yo que he llegado
                         a ver mi esperanza cierta.

¡Qué bien Amor lo ha trazado!

(Éntrase y dicen dentro.)

Uno   Venga cal y ladrillo.

Otro   ¡Amaina, amaina!

Otro   Agua pide el maestro.

Otro   Ya está arriba.

Otro   De mano en mano, que la cal se mezcle
                       que no está bien obrada la que suben.

Otro   Gracias a Dios que el arco se ha acabado.

Otro   Alto, almorzar, y vuelta con cuidado.

(Salen Eliacer y Solomí, media desnuda huyendo.)

Eliacer   Cese el rigor, Solomí,
                       a tanta fuerza de amor.
                       Trueca en amor el rigor
                       ya que en tus brazos me vi.
                       Ser tu marido fingí
                       pero el amor no es fingido
                       pues dos años te he querido
                       y aunque de ti despreciado
                       tan firme mi amor ha estado
                       como si fuera admitido.
                           Solomí, ya eres mi dueño
                       por tu esclavo me confieso.
                       Ya cobré el perdido seso

y mi palabra te empeño;
que todo el mundo es pequeño
para ofrecer a tus pies.
Y si necesario es
de Egipto la posesión
yo mataré a Faraón
tratándolo con Moisés.

Solomí

    ¿Piensas, bárbaro Eliacer,
que me tienes de obligar
con hablar y más hablar
a que te venga a querer?
¿Piensas que podrás hacer
con tantas muestras de amor
que tenga fin mi rigor?
Pues, advierte que antes crece
y que mucho más merece
un villano y un traidor.
    Cuando yo correspondiera
a tu bárbara afición,
¿piensas tú que a Faraón
matarle Moisén quisiera?
¿Piensas tú que consintiera
Moisén, siendo de Israel,
darle la muerte cruel?
En lo que dices, repara
que antes a ti te matara
que traición se hallara en él.
    Pero como eres traidor
que está lleno de invenciones,
te sustentas de traiciones,
que es tu sustento mejor.
Borrar pretendes mi honor
cuando mi honor más se esfuerza

pero tu intento se tuerza,
y deja a quien es honrada
porque una mujer ganada
por fuerza, tiene gran fuerza.
   Basilisco pienso ser.
Seré Cencris escamosa
y víbora ponzoñosa;
que es víbora una mujer
que la sacan de su ser.
Vete. No estés más aquí.

Eliacer

¡Tanto rigor, Solomí,
con quien te estima y te adora!

Solomí

Más merece quien desdora
el honor que vive en mí.

Eliacer

¡Ea, mi cielo!

Solomí

¡Mi infierno!
Acaba de atormentarme.

Eliacer

¡Ea, mi bien!

Solomí

¡Si matarme
quieres sin tormento eterno!

Eliacer

¿Qué he de hacer?

Solomí

Mostrarte tierno
para que de aquesta suerte
me des más presto la muerte.

Eliacer

Antes, mi bien, si pudiera

no una vida, mil te diera.

Solomí   Ya me las dieras sin verte.

Eliacer   Advierte, que eres mi bien.

Solomí   Advierte, que eres mi mal.

Eliacer   Tú mi gloria celestial.

Solomí   Tú mi infierno.

Eliacer   Tu desdén
aumenta mi amor.

Solomí   También
tu amor me tiene mortal.

Eliacer   En piedra hace amor señal.

Solomí   No si resiste el desdén.

Eliacer   Mira que te quiero bien.

Solomí   Mira que te quiero mal.

(Sale Datán.)

Datán   ¿Qué es aquesto? Estando ausente,
¿en mi casa, hay tal traición?

Solomí   Vete, Eliacer fementido;
que te mataré.

Datán   Detente.
                   ¿Qué es aquesto, Solomí?

(Quita la espada a Eliacer Solomí, y túrbase Eliacer.)

Solomí   La respuesta que te doy
                   es decir que «soy quien soy»,
                   pero no soy la que fui.

Datán   No te entiendo.

Solomí   Aunque mujer,
                   no sabré ser relator
                   porque lo dirá mejor
                   la turbación de Eliacer.

(Turbado.)

Eliacer   Datán, yo aquí... despés que...

Datán   Tente, no pases de ahí.
                   Cuenta el caso Solomí.

Solomí   No sé, Datán, si podré.
                     Aunque tenga vergüenza
                   de contar el suceso
                   que la mujer honrada
                   es de vergüenza centro,
                   aunque muestres enojo
                   y aunque me culpes luego
                   oyendo mis razones
                   —si es culpa la que tengo—
                   lo más breve que pueda,
                   lo más casto y honesto,

relatar quiero el caso
más bárbaro y grosero
que entre Citas, alarbes,
y entre caribes fieros
los mortales han visto
del más anciano tiempo.
Los yerros por amores,
dicen, que no son yerros;
mas es con voluntades
de dos conformes pechos.
Pero en aqueste caso,
aunque esté de por medio
el que a nadie perdona
siendo rapaz y ciego,
no hay disculpa que abone
al amor más resuelto.

Datán

Solomí, date prisa,
no me tengas suspenso.

Solomí

Espantarte no quieras
de ver buscar rodeos;
que referir agravios
y más al mismo dueño
es muy dificultoso.
Pero arrojar quiero
aunque en el mar me anegue
a las aguas el pecho.
Sabrás, por mucho no cansarte,
que ha dos años y medio
que Eliacer me persigue
con amor poco honesto,
y aunque sus pretensiones,
sus ansias y sus ruegos

nunca admití, mas antes
respondiendo con ceño,
con rigor y desdenes,
no dándole un cabello
de favores siquiera,
ni de un mirar risueño.
Trazó de madrugarte;
púsolo por efeto;
a trabajar te fuiste
y a tu casa volviendo
con ánimo atrevido
entró en e aposento.
Y yo, con sobresalto,
dije: «¿Quién es?». Y luego
«Datán —responde— soy;
que a tus brazos me vuelvo
que Eliacer no parece».
¡Ay, vergüenza tengo,
Datán, de referirte
lo que se sigue a aquesto;
mas, ¿para que me canso,
pues siendo tú discreto
ya me habrás entendido?
Que al fin manchó tu lecho,
de Solomí gozando
falso marido siendo.
Aquéste el caso ha sido
delante se está el reo
que como está culpado
se está turbado y quedo.
Yo matarle quería
pero pues vino el dueño
de mi agravio y lo sabe,
en sus manos le dejo

mi agravio, mi deshonra,
mi honor, mi casto celo,
porque venganza tome
de aqueste atrevimiento.

(Arroja la espada y vase.)

Datán   Solomí, aguarda un poco
si no pretendes que me vuelva loco.
¿Qué marido habrá oído
de su misma mujer que está ofendido?
¿El valor se suspende
cuando delante tiene a quien le ofende?
¿Cómo paciencia tengo
y de tan grande agravio no me vengo?
¡Qué a hechos tan villanos
armas serán los dientes y las manos!
Aunque tu misma espada
regida de ese brazo y gobernada
será fiero instrumento
que castigue tu loco atrevimiento.

(Coge la espada.)

Eliacer   ¡Oye, Datán! ¡Escucha!

Datán   ¿No ves, villano, que es mi ofensa mucha?
¿Cómo un marido honrado
podrá escuchar a aquél que le ha afrentado?

Eliacer   Escucha y no te alteres
si saber la verdad del caso quieres.

Datán   No relates mi afrenta.

Basta que Solomí me ha dado cuenta,
que si verdad no fuera
a decir tal maldad, no se atreviera.

Eliacer

Cuando yo haya gozado
de Solomí. no vengo a ser culpado;
que Amor tiene la culpa.

Datán

No es bastante en mi agravio esta disculpa
porque en dolor tan fuerte
aun no es satisfacción darte la muerte.

(Va a darle, sale Moisén y detiénele.)

Moisén

  ¿Qué es aquesto? ¿Con espada
estás, Datán, en la mano
contra Eliacer?

Datán

    Con su muerte
quiero cubrir mis agravios.

Eliacer

Tente, Datán.

Moisén

    ¿Qué es aquesto?

Datán

Dar la muerte a este villano.

Moisén

¿Por qué?

Datán

  Por su atrevimiento.

Moisén

¿Qué ha hecho?

Datán

   El hecho más bárbaro

que el abárimo más fiero
y el troglodita tirano
imaginara jamás.

Moisén	¿Cómo, Eliacer, a un esclavo por ser esclavo te atreves?

Eliacer   Escucha, Moisén, el caso
y verás si tengo culpa.

Datán   No le dejes relatarlo
si no quieres que yo muera.

Moisén   Datán, sentimiento extraño
muestras en este suceso.
Cuéntame lo que ha pasado
y sabré quien culpa tiene.

Datán   ¡Qué para vengar mi agravio
halle estorbos! ¡Ah, Fortuna!

Moisén   ¿Qué te aflige?

Datán   Ser honrado
hasta aquí y ya no lo ser.

Moisén   No te entiendo. Habla más claro.

Datán   Levantóme esta mañana
Eliacer para el trabajo.
Partí a cumplir mi tarea.
Volvió y entró con engaño
en mi casa y mi aposento
y manchó el lecho más casto

que imaginar puede el mundo.

Moisén   ¿Quién de aquesto te ha informado?

Datán   Solomí, que fue forzada,
y llegar a publicarlo
una mujer, y decirlo
a un marido, si es honrado,
o ha de morir de dolor
o dar la muerte al contrario.

Moisén   Bien quisiera no creer,
Eliacer, lo que escuchando
estoy de ti, mas es fuerza,
cuando en tal ocasión me hallo
dar crédito a un ofendido;
que está diciendo su agravio
a voces siendo forzoso
tomar en esto la mano.
Las razones que me obligan
a mostrarme apasionado
son muchas, y la primera
es ser el caso tan malo
y ser Datán de mi pueblo,
y cuando llega a contarlo
para más satisfacción
ver que el reo calle tanto.
Bien quisiera no perderte
el respeto, pero el caso
obliga que el Rey se pierda
cuando fuere el Rey villano.
Y si acaso te atreviste
por tener oficio y cargo
en el palacio real,

divierte que el real palacio
no consiente libertades;
pero, ¿para qué me canso
en hacer informaciones
y estar alargando plazos
si no hay testigo de abono
que en tu abono diga un átomo,
porque no hay mejor testigo
como es el mismo pecado.
Ladrón del honor has sido
de Datán, y honor robado
restituírse no puede
porque es el honor intacto
y quebrándose una vez,
como el vidrio delicado
es fuerza quebrado muera
que es imposible soldarlo.
Es azucena el honor
que está en un jardín cerrado,
que sin tocarla despide
mucha fragrancia al olfato;
mas toda aquesta fragrancia
si es alhaja entre las manos,
se convierte en mal olor,
y si dio gusto, da enfado.
Era el honor de Datán
lleno de flores, un árbol
y tú como cierzo, al fin,
flor y fruto le has quitado.
¿Imaginas que no son
los de Israel —aunque esclavos
estén agora en Egipto—
de valor y ánimo hidalgo
para sentir las afrentas?

¿Piensas que no son honrados?
¿Piensas que han de consentir
que los del pueblo gitano
los afrenten y deshonren
por hallarse entronizados?
Pues engáñaste, Eliacer,
que el más mínimo, el más bajo
de todo el pueblo de Dios
sabe castigar agravios.
Y el que tú has hecho a Datán,
al hombre más reportado
al más piadoso y benigno,
y, finalmente, al más manso,
cruel le hará y riguroso
por ser digno que en un palo
te pongan. Muy poco es esto
que dos furiosos caballos
vivo te arrastren. Mas, ¿cómo
en tomar venganza tardo
de quien con tal libertad
[a] un hebreo ha deshonrado?
Solos estamos agora
y pues que solos estamos
para hacer el finiquito
sirva de carta de pago
la muerte que aquí te doy,
bien debida a tu mal trato.

(Da Moisén a Eliacer y cae muerto dentro.)

Eliacer   ¡Ay, que me has muerto, Moisén!

Moisén   Así pagas tu pecado.

Eliacer   ·Vivas mil siglos, que al fin
vuelves por mi honor.

Moisén   Hagamos
un hoyo en aquella arena
en que quede sepultado,
y pues el caso es secreto,
mira, Datán, que este caso
no se publique; que importa
a nuestro pueblo.

Datán   Partamos,
que el capitán de Israel
has de ser.

Moisén   ¡Datán, recato!
No lo sepa Faraón.

Datán   Seguro estás por mi lado.

Moisén   Y el que agravios hace, sepa
que, aunque tarde, llega el plazo.

Fin de la primera jornada

Jornada segunda

(Salen Arón y María hermanos.)

María	Mucho estima Faraón a nuestro hermano Moisén.

Arón	¿Qué hace en quererle bien si le tiene obligación?

María	Aunque me admira y espanta que haciéndole tal favor nos traten con tal rigor y nuestra opresión sea tanta.

Arón	Nada te espante, María,
	que cuando mira un privado
	que es querido y envidiado
	toda aquella lozanía,
	  y rueda que hace el privar,
	si mira la emulación
	la deshace cual pavón
	porque es descenso al quitar.
	  Y aunque el Rey le quiera bien,
	si el reino le quiere mal,
	la opinión del vulgo es tal
	que el favor vuelve desdén.

María	¿Si habrá Moisén intentado, Arón, nuestra libertad?

Arón	Aunque le tiene amistad, no sé si será acertado, porque como el pueblo hebreo

tantos provechos le da,
dificultoso será
ver logrado su deseo.
    Y así, aunque intente Moisén
libertar a sus hermanos,
es fuerza que los gitanos
de otro parecer estén.

María   ¿Y el pueblo no busca medio
con que pueda libertarse?

Arón   ¿Qué remedio puede hallarse
si Dios no nos da remedio?

(Sale Masar, corriendo.)

Masar   ¡Albricias!

María   ¿De qué, Masar?

Masar   De que viene Faraón,
y viendo nuestra opresión,
sin duda se ha de humanar.

Arón   ¿A qué viene?

Masar   Salió al prado
a gozar del fresco abril,
y cogiendo flores mil
a nuestro barrio ha llegado.
    Cuando sacan a ahorcar
a alguno, dicen que es ley
que le haga libre el Rey
si el Rey le llega a mirar.

Nosotros presos estamos,
y ojalá nos ahorcaran,
que con aqueso acabaran
las desdichas que pasamos.
    Y pues en vernos se emplea
a sus pies me he de poner,
y pedirle de comer,
ya que otra cosa no sea.
    Diréle: «Señor Faraón,
advierta que soy Masar
que como cesó el pelear
se acabó el tragazón.
    Yo soy el que sujeté
todo el reino de Etiopia,
y pues me ve en tanta inopia
humánese su merced».
    Dirá luego Faraón:
«Razón tiene este soldado.
Bien merece ser premiado.
Denle de leche un capón,
    un pedazo de ternera,
un pavo en casa cebado,
un lechoncillo tostado
por de dentro y por de fuera,
    un perdiz y un faisán,
los más regalados vinos,
melón, rábanos, pepinos,
y una fanega de pan.
    Y esto para cada día,
porque Masar es mi amigo,
y siendo así coman digo
conmigo Arón y María.»

María   Es la comida extremada.

Quiera Dios que así suceda.

Masar   Si Fortuna ata su rueda
                   ella será sazonada.

(Salen Nacor y Faraón.)

Faraón   ¿Adónde queda Moisén?

Nacor   A despachar el recado
                   que mandaste.

Faraón   Gran cuidado
                   tiene de servirme bien.

Nacor   Mucho tu favor le abona,
                   y ojalá que tu favor
                   no le convierta en traidor,
                   y te quite la corona.

Faraón   Si has de hablar mal de Moisén,
                   tratar de otra cosa es justo.

Nacor   Señor, hágase tu gusto,
                   pero yo deseo tu bien.

Faraón   ¿No se supo del veedor?

Nacor   Nada señor se ha sabido.

Faraón   Por quien soy; que lo he sentido.

María   ¿No llegas?

Masar   Tengo temor.

María   ¿Es ésa la valentía
                         y el ánimo generoso?
                         ¿De qué estás tan temeroso?

Masar   Nada te espante, María;
                             que llegar a hablar [a] un Rey
                         acobarda y pone miedo.

María   ¡Albricias pedirte puedo
                         si se ha de cumplir la ley
                             que dices, pues llega a vernos.

Arón   Plega a Dios que sea por bien
                         el venir hoy a Jesén
                         Faraón.

Masar   ¿Qué puede hacernos?
                             Si no es apretar la llaga,
                         yo no hallo ya otro mal.

(Ha estado Faraón mirando a María.)

Faraón   El dios rapacillo es tal
                         que me ha obligado a miralla.
                             ¿Quién es aquesa mujer?

Nacor   Señor, de nación hebrea.

Faraón   Hablarla el alma desea.

Nacor   Eso fácil viene a ser.
                             Esclavos, ¿qué estáis haciendo?

Masar (Aparte.)   (¡Ah, pobre de ti, Masar!
                         Aquí te manda colgar.)
(Temblando.)   Yo, señor, ¿en qué te ofendo?

Nacor   ¿Qué hacéis así los tres?
                         ¿Cómo no estáis de rodillas?

(De rodillas.)

Masar   Ya la boca y pantorrillas
                         señor, están a sus pies.

María   Perdóneme, vuestra alteza,
                         si ha sido descortesía.

Faraón   Levantad, por vida mía.
                         Nacor, mucho es su belleza.

Nacor   Parece que te ha picado.

Faraón   Verdad es ésa, Nacor.

Nacor   Si es verdad, tú eres señor
                         y ella esclava.

Arón   Ten cuidado,
                           María, con Faraón
                         y esto no te cause enojos,
                         que si mienten mis ojos
                         los tuyos le dan pasión.

Faraón   En efeto, hermosa hebrea,
                         ¿sois esclava?

María   Agora, sí
                  aunque en libertad nací.

Faraón   ¿En qué en el campo se emplea
                     vuestra belleza?

María   Señor,
                  hago en esta esclavitud
                  la necesidad virtud
                  cogiendo una y otra flor.

Faraón   Si Flora discreta fuera,
                  adonde estáis no llegara
                  porque en vuestra hermosa cara
                  siempre está la primavera.
                     Vuestras mejillas son rosas
                  de fragrancias peregrinas;
                  vuestros labios clavellinas
                  más que el ámbar olorosas,
                     Y considerando estoy
                  en ese mundo pequeño
                  que es cifra, borrón y sueño
                  lo que tengo y lo que soy.
                     Vos sois un jardín, en fin,
                  puesto con tal perfección
                  que desea Faraón
                  ser dueño de tal jardín.

María   Aunque sea atrevimiento
                  responder a vuestra alteza,
                  oponiendo mi bajeza
                  a vuestro sublime asiento,
                     respondo como mujer

usando de aqueste nombre,
y digo que es propio de hombre
alabar y engrandecer
    todo aquello que desea,
y se echa de ver, señor,
que estudiastes con primor
el arte en que se recrea.
    Vuestro ingenio peregrino
que es de pintor, bien pintáis
pues con primor retratáis
un jardín. Pincel divino
    es el vuestro, y delicado.
Bien aplicáis el color
dándole sombras de amor
por uno y por otro lado;
    pero descubre mi pecho
a la destreza y donaire,
que como son flores de aire
no pueden ser de provecho.

Faraón   Acerca más los reflejos
de tu Sol, hermosa hebrea.

María   Vuestra majestad me crea
que parecen desde lejos
    mejor aquestos países.
Lejos la vista se agrada
mas llegando cerca es nada.

Faraón   Discreta hebrea, no eclipses
    el Sol de mi amor así.
Dame una mano.

Arón   María,

	mucho Faraón porfía.
María	Arón, no temas de mí.
Faraón	Acaba, dame la mano.
	¿No te obliga el ser quien soy?
María	Nunca yo mi mano doy
	sino para dar de mano.
Faraón	¿Qué rigor a éste se iguala?
	Acaba, no estés tan dura.
María	Si es para ver mi ventura,
	ya sé que la tengo mala.
Masar (Aparte.)	(¡Qué se haga de rogar
	esta mujer! Mucho temo
	que por hacer tanto extremo,
	nos tiene de maltratar.
	¡Mal haya quien no me hizo
	mujer en esta ocasión;
	que yo hiciera a Faraón,
	hallándole antojadizo,
	que mi pueblo libertara.)
Faraón	¿No se ablanda tu rigor?
Nacor	Si fuera que tú, señor,
	yo por fuerza la gozara,
	y esto por justa ley;
	que es demasiado rigor
	mostrar tanto desamor
	siendo ella esclava y tú Rey.

María   Esclava soy, ¿pero cuya?

Nacor   De Faraón.

María   Eso no;
                 que cuya soy me mandó
                 que no diga que soy suya.

(Vase María.)

Faraón   ¿Hay resolución mayor?
                 ¿Hay más rigor y desdén?

Nacor   Manda abrasar a Jesén
                 pues eres Rey y señor.

Faraón   Antes se debe estimar
                 este desdén; que si luego
                 se sujetara a mi ruego
                 fuera fácil de olvidar.
                      Y así experiencia tendrás
                 no culpando su respuesta,
                 que aquello que mucho cuesta
                 se viene a estimar en más.

Arón   Bien parece que es mi hermana
                 en el valor que ha tenido.

Masar   Antes en aquesto ha sido,
                 Arón, poco cortesana;
                      porque si el Rey la quería,
                 en haciendo un Faraoncito,
                 libres fuéramos de Egipto
                 y ella en esto, poco hacía.

Arón   Loco estás y así te dejo.

(Vase Arón.)

Masar   Arón, vamos poco a poco,
                        aunque más quiero ser loco
                        que no como vos pellejo.

Faraón   ¿Con quién es aquese enfado?

Masar   No es enfado.

Faraón   Pues, ¿qué ha sido?

Masar   Sobre que no te ha querido
                        y la respuesta que ha dado
                           María a tu mucho amor.
                        Yo digo que no hace bien
                        porque de tanto desdén
                        ha de nacer tu rigor.
                           Y lo vendré yo a pagar,
                        sin estar culpado en nada.
                        Señor, si acaso te agrada
                        algo del pobre Masar,
                           aquí estoy. No hay que decir
                        que si yo fuera mujer
                        bueno estaba de vencer.

Faraón   Masar, ¿quiéresme servir?

Masar   Ya digo que tuyo soy.
                        Ordena lo que más cuadre
                        que hago cuenta que mi madre

| | al mundo me saca hoy. |
| (Aparte.) | (Ya he salido de pobrete.) |

| Faraón | María se fue cruel.
¿Sabrás llevarla un papel? |

| Masar | Y aun sabré ser alcahuete. |

(Salen Datán y Avirón, hermanos, asidos de un pan, riñendo y Moisén, metiendo paz.)

| Datán | Todo el pan me he de llevar. |

| Moisén | Datán, no tienes razón,
que siendo el pan de Avirón,
¿por qué se le has de tomar? |

| Avirón | Por ser mi mayor hermano
el pan tomarme ha querido,
y cruel ha pretendido
quitármele de la mano.
Díceme que su mujer
y hijos necesidad
tienen, y yo la mitad,
dejándolo de comer
le daba, mas no ha querido
sino llevársele entero. |

| Moisén | Mediar en el caso quiero. |

(Llégase a escuchar.)

| Faraón | En ocasión he venido
que pienso ver de Moisén |

la prudencia y la rectitud.

<table>
<tr><td>Moisén</td><td>

Considera la virtud
de Avirón y ten por bien
   llevar del pan la mitad;
que no porque seas mayor
has de ultrajar al menor.
Reconoce su hermandad;
   que hace Avirón como hermano
en dar la mitad del pan,
y considera, Datán,
que haces tú como tirano.
   Siendo éste pan de Avirón,
cuando te da la mitad
no has de querer con crueldad
quitarle la posesión;
   que antes, mejor pareciera,
cuando contigo le parte,
agradecido mostrarte
que estar de aquesta manera.
   Porque el agradecimiento
en quien recibe es debido,
y es siempre mal recibido
el desagradecimiento.
   Y en este caso has mostrado,
tratándole de esta suerte
que aun por librarle de muerte,
no le dieras un bocado.

</td></tr>
<tr><td>Avirón</td><td>

   Justo fuera no mostrar
conmigo tanto rigor,
pues sabe que con dolor
vengo este pan a buscar
   para quien el ser le ha dado;

</td></tr>
</table>

mas, ¡tener tanta crueldad
cuando le doy la mitad!
Sin duda que le ha engendrado
   algún fiero cocodrilo
o alguna tigre cruel
que se ha convertido en él,
en las riberas del Nilo.
   Y para estar tan tirano,
no hallo razón que le cuadre;
mas quien lo quita a su padre,
poco es quitarlo a su hermano.

Datán   Demasiada libertad
es, Avirón, la que tienes.
¿Qué importa que el campo llenes
que me dabas la mitad
   del pan si le he menester
entero en esa ocasión?

Avirón   ¿Y no te da compasión
que esté un viejo sin comer?

Datán   Eliab está muy viejo.

Avirón   Mejor tu padre dijeras.

Datán   Y así para hablar de veras,
morir es mejor consejo
   que vivir en tanto afán
y sujeto a tal rigor,
pues el regalo mayor
es comer cebolla y pan.
   Y siendo más triste suerte
vivir con necesidad

no atribuyas a crueldad
el desearle la muerte.

Moisén

    Deja argumentos aparte
y no quieras, siendo infiel,
ser con tu padre cruel,
ni pretendas excusarte
    estando yo aquí esta vez.
Da la mitad a Avirón.

Datán

    ¡Notable resolución!
¿Acaso eres nuestro juez
    que me quieres compeler
a dar la mitad aquí?
O, ¿quieres matarme a mí
como mataste a Eliacer?

Nacor

    Advierte bien lo que dice.

Faraón

Ya me pesa de escucharle.

Moisén

Tu honor me obligó a matarle;
que por mi honor no lo hice.
    Y cuando a ti te matara,
Datán, si lo consideras,
ni tú a mí me descubrieras
ni tal razón te escuchara.

(Vanse Datán y Avirón.)

Faraón

    ¡Moisén!

Moisén

    ¿Señor?

Faraón   ¿Homicida
cruel fuiste de Eliacer?

Moisén   Señor...

Faraón   No hay que responder.
En peligro está tu vida.
   Todo el reino me pedía
tu muerte con mucha instancia,
y por serme de importancia
tu vida, le entretenía.
   Buscaba alguna ocasión
en que te hallaste culpado,
y es bastante la que he hallado
a cualquiera ejecución
   porque matar al veedor
de mis obras es delito
que pide que en todo Egipto
se publique mi rigor.
   Fuerza es que me ha de pesar
porque en ti miro mi hechura,
pero amparar no es cordura
lo que es digno castigar.
   Busca, Nacor, un verdugo
que ejecute mi rigor.

Nacor   a buscarle voy, señor.

(Vase.)

Masar   Gracias a Dios que le plugo
   librarme de oficio tal,
porque tamañito estaba
temiendo cuando llamaba

para entregarme el puñal.

(De rodillas.)

Moisén   Señor, ya que en tu real mano
está mi vida o mi muerte,
y es la vida frágil sombra,
sueño vano, caña débil;
ya que permitió Fortuna
que tu favor me subiese
al cielo de ser tu amigo,
y en las esferas celestes
de tu amistad colocado
me vi, sin temer vaivenes
porque la gracia del Rey
seguridades promete;
y ya que la envidia fiera
postrado a tus pies me tiene,
mas no me espanto que he sido
Luna y es razón que mengüe
porque en su natural curso
para menguar crece siempre,
y es fuerza, si el Sol la falta
que su luz no reverbere,
dióme el Sol de tu favor,
Luna fui resplandeciente,
llegué al punto más sublime
y en un punto llegué a verme
sin la luz que me alumbraba;
pero son del mundo bienes
tan de espacio a alcanzarse
como a deshacerse breves.
No imagines, gran señor,
que relato estas mercedes

para que me des la vida.
No ha sido mi intento aqueste,
pero ya que al ojo tengo
el morir, pues ya previenes
instrumentos que a mi vida
de la acción vital cercenen,
solo te pido, señor,
un favor, no me le niegues,
y para que le concedas
será razón que te acuerdes
que soy tu hechura y tu esclavo,
tú quien puedes concederme
que no muera en tu desgracia
para tener fin alegre,
solo pido este favor
y luego venga la muerte,
que morir del Rey amigos
da descanso a los que mueren.

Faraón   Si al peso que te quería
supieras corresponderme,
nunca, Moisén, tal delito
cometieras como aqueste.
¿Sobre qué bases fundaba
la máquina de atreverte
quitar la vida a quien yo
por amigo estimé siempre?
Si mi favor, si mi gracia
te obligó a que te atrevieses,
razón fuera que miraras
que los reyes no consienten
privados tan atrevidos
y los discretos previenen
que como saben premiar

saben castigar los reyes.
Que te quitase la vida
me pidió el reino mil veces,
y por estimarte tanto
temí sin causa ofenderte.
Siempre sin culpa te hallaba,
mas en la ocasión presente
no hay razón que te disculpe
de culpa que es tan aleve.
Darte la vida quisiera,
pero el reino, si no mueres,
me ha de quitar la corona
y darme también la muerte.

Moisén   Señor...

Faraón   No quiero escucharte
que podrán enternecerme
tus palabras si te escuchen.
Ver quiero si Nacor viene.

Masar (Aparte.)   (Yo quiero escurrir la bola
porque aqueste no se acuerde
de mí, haciéndome verdugo.)

Faraón   Mas aquí está quien degüelle
a Moisén. ¿Oyes, Masar?

Masar   ¿Qué mandas a este sirviente?
(Aparte.)   (Ciertos son los toros.)

(Le da una daga a [Masar].)

Faraón   Toma;

y al pie de aquesos laureles
quita la vida a Moisén
antes que la Fama vuele
del delito y los gitanos
por ser atroz le apedreen.

Masar   ¿En los laureles, señor?
¿Es acaso porque temes
putrefacción y a su cuerpo
quieres que hagan escabeche?

Faraón   Acaba, Masar.

Masar   ¿Moisén?

Moisén   ¿Qué dices?

Masar   Perdón concede
a este verdugo novato
que se enseña a cortar nueces
en la tuya.

(Pónese Moisén de rodillas.)

Moisén   Date prisa
pues el cielo santo quiere
que yo de esta suerte acabe.

Faraón   No seáis impertinente.
¡Masar!

(Afila la daga en la mano.)

Masar   Estoy amolando

de aquesta daga los dientes
para que mejor de un golpe
todo el gaznate se lleve.
¡Ea, brazo! Dios te ayude
para que a Moisén degüelles
con gracia y que le duela.

(Queda como ciega y anda a tiento.)

Pero ya el cielo no quiere
que aqueste oficio ejercite,
pues ya sin vista me tiene.
¡Ah, Moisén! ¿Adónde estás?

(Va a topar con Faraón.)

Faraón   Detente, Masar, detente.
                     ¡Qué soy el Rey!

Masar   No me engañes.

Moisén   Masar, hacia el laurel vuelve
                     que aguardando está Moisén.

Masar   Habla, porque allá me lleven
                     los ecos.

(Dentro.)

Ángel   El cielo ordena
                     que te vayas libremente,
                     Moisén, y de es a Egipto
                     porque guardado te tiene
                     para mayores empresas.

Moisén   Pues yo parto a obedecelle.

(Vase Moisén, y Faraón queda como mudo, haciendo fuerza para hablar, y
Masar buscándole.)

Masar   ¿Adónde estás?

Faraón   Tente, tente.

Masar   ¿Es posible que no acierte?
                            ¿Adónde estás?

Faraón   ¡Va, va, va!

Masar   ¿Quien aquí mudo parece?
                            ¡Ah, Moisén! ¡Ah, Faraón!

Faraón   ¡Va, va, va!

(Ve Masar.)

Masar   Señor, ¿no entiendes
                            que te estoy llamando?

Faraón   ¡Va!

(Señale [Faraón] por donde se fue.)

Masar   Ya te entiendo, que se fuese
                            le mandaste.

Faraón   ¡Va, va, va!

Masar   Hizo bien de obedecerte.

(Sale Nacor.)

Nacor   Ya, señor, viene el verdugo.

Masar   ¡A famoso tiempo viene!

Faraón   ¿No has encontrado a Moisén?

Nacor   No, señor.

Faraón   Pues, le defiende
el cielo. Sin duda importa
a todo el reino.

Nacor   ¿Qué leyes
dispensan con él?

Faraón   Nacor,
su estrella le favorece,
que verle ir y no poder
decir que le detuviesen
y cegar Masar, no hay duda
de que buena estrella tiene.
Vamos a buscarle amigos.

Masar   Vamos, antes que se aleje.
(Aparte.)   (Gracias a Dios que fui ciego
y vuelvo con vista a verme.)

(Vanse y salen Jetro, viejo, y Séfora, de pastora muy bizarra.)

Jetro   Ya es hora que al ganado,

Séfora, vayas; que el planeta ardiente
el cabello dorado
recoge ya en su eclíptica luciente,
y bizarro y airoso
va volviendo su carro presuroso.
   De la sed obligadas,
la fiesta habían dejado las ovejas
y la ondas plateadas
junto a los pozos pedirán con quejas.
El ganado no aguarde
que son muchos pastores y es ya tarde.
   Y si llegan primero,
han de querer ganarte por la mano,
porque el abrevadero
ser común para todos está llano,
y así apresura el paso
antes que el Sol se esconda en el Ocaso.

Séfora   Yo voy con mucho gusto
obedeciendo, padre, tu mandado,
y aunque venga robusto
el pastor a dar agua a su ganado,
viendo mi airoso brío,
primero beberá el ganado mío.

Jetro   No han tenido respeto,
señora a tu belleza, y así digo
que has de verse en aprieto
porque no se halla amigo para amigo.

Séfora   Yo sé que el campo y flores
a mi ganado están diciendo amores.
   El cantueso se alegra,
tapete haciendo el campo matizado,

y entre una y otra quiebra
muestra el junquillo su color dorado,
y el tomillo salsero
olores vierte, alegre y placentero.
        La pálida retama
ya que parte no tiene en esta alfombra,
sobre la verde grama
sirve de choza, haciendo fresca sombra
donde la noche inquieta
pasa el rigor del fuego del planeta.

Jetro   Yo estoy bien satisfecho
que todo lo que has dicho se te rinda;
mas en aqueste hecho,
aunque el campo a tus pies con flores brinda,
los groseros pastores
no reparan que el campo te haga amores.
        Tus hermanas aguardan.
Vete porque después temprano vengas.

Séfora   Mis pies no se acobardan,
tu gusto voy a hacer sin más arengas.
Obedecerte es justo;
que tu gusto es el blasón de mi gusto.

(Vanse y sale Moisén, de pastor.)

Moisén   ¿Adónde pies cansados
hallaréis esta noche
posada que os recoja en tierra extraña,
donde de mil cuidados
—en tanto que en su coche
lumina el Sol los indics y acompaña
y sus caballos baña

el piélago undoso—
podáis tener reposo,
dándoos un rato al sueño
que contra los cuidados es beleño?
Mas quien huyendo viene,
en nada halla descanso ni le tiene.
   De Faraón la ira,
siendo Rey poderoso,
vengo huyendo, que matarme quiso.
El suceso me admira,
el caso es portentoso,
pues el cielo en tal trance me dio aviso.
Un pozo allí diviso.
Quiero con sus cristales
dar alivio a mis males,
adonde recostado
un poco se suspenda mi cuidado
aunque el que huyendo viene
en nada halla descanso, ni le tiene.

(Estará hecho un pozo, y recuéstase Moisén, y salen Séfora y Adar, pastor, deteniéndola.)

Séfora   Primero a mi ganado
daré del cristal puro.

Adar   Séfora, no te canses, que es en vano.
Yo primero he llegado
y que beba procuro
primero, que he ganado por la mano.

Moisén   ¡Qué grosero y villano
se muestra en este caso!

Adar

Séfora, ten el paso,
que no por ser hermosa
has de ser atrevida y licenciosa.

Séfora

Si tú discreto fueras,
solo por ser mujer lo permitieras.
   Mas de esto a sacar vengo
que eres bárbaro y loco,
pues de esta suerte a una mujer maltratas.

Adar

¿Cómo paciencia tengo
y a furia no provoco
mi corazón de ver que así me tratas?

Moisén

Atájense bravatas
aquí, pastor airoso,
que aqueste cielo hermoso
más amistad merece
de la que esta acción tu lengua ofrece.
Decid, por vida mía,
¿qué ocasión os ha puesto en tal porfía?

Séfora

   Beben de los cristales,
serrano forastero,
de aqueste pozo todas las ovejas
llenando estas canales
hasta el abrevadero
y forma como ves, aquestas quejas
—sin ver que las madejas
rubicundas de Febo
dan en oriente nuevo
noticia que se aleja
y que su luz aquestos polos deja—
solo porque he querido

que fuese mi ganado preferido.

Moisén   El ser mujer bastara,
cuando el Sol se estuviera
en medio de su eclíptica luciente,
para que no estorbara
que el ganado bebiera
cuanto más cuando llega al occidente.
Acción impertinente
es la que se ha intentado,
y huelgo haber llegado
en ocasión que pueda
mostrar que es troglodita quien tal veda;
que es gran descortesía
intentar con mujer tal villanía.

Adar   Menos hablar, serrano,
porque hay quien lo defienda
y es arrogancia hablar de esa manera.

Moisén   Bien muestras ser villano
en aquesta contienda,
que noble pecho nunca tal hiciera.
Pero si no estuviera
esta mujer delante,
yo te hiciera, arrogante,
que atrevido no hablaras,
y que sacar el agua no estorbaras.

(Alza el cayado y amágale y detiénele.)

Séfora   Detente.

Adar   ¡Si eres loco!

Beba aunque el mío se detenga un poco.

(Vase.)

Moisén   Llega, hermosa serrana,
que yo ayudarte quiero
porque beba más presto tu ganado.

Séfora   Tu valor mucho allana,
y agradecer espero,
viéndote cortesano y arriscado,
lo que me has obligado;
y porque más te cuadre,
trataré con mi padre,
si cesa tu camino
y quieres de estos valles ser vecino,
que te quedes en casa
para pagarte esta merced sin tasa.

Moisén   Serrana de los cielos,
mucho en eso ganara.

Séfora   Pues saquemos el agua y trataráse.

Moisén (Aparte.)   (Ya me ha dado desvelos
esta belleza rara.
Dichoso vengo a ser si lo trazase.)

Séfora (Aparte.)   (Si él quedarse alcanzase
ventura fuera mía,
pues aquí pagaría
el favor que me ha hecho.)

Moisén   De tu nobleza quedo satisfecho

                    y solo sé decirte
                    que no quiero más premio que servirte.

(Van sacando agua del pozo y mirándose el uno al otro.)

Séfora   ¿Quién te trujo, gitano,
                    tan bizarro y airoso,
                    al valle de Madián, a ser mi amparo?

Moisén   El cielo soberano,
                    mostrándose piadoso,
                    no ha querido conmigo ser avaro;
                    porque si bien reparo

(Van sacando y vertiendo.)

                    hallo en tus bellos ojos
                    dos niñas quitaenojos
                    y en ella dos estrellas
                    que hieren corazones sus centellas.

Séfora   Vamos, que tus razones
                    centellas son que abrasan corazones.

(Vanse y salen María, y Masar trae una carta.)

María   Bien has mostrado, Masar,
                    después que sirves al Rey
                    y te has hecho de otra ley
                    que es gran cosa gobernar.
                    Ya olvidas a tu nación
                    y eres valiente gitano.

Masar   ¿No consideras qué gano

en servir a Faraón?

María   ¿Qué ganas?

Masar   Vengo a ganar,
ya que obligas a decillo,
no merendar con ladrillo
ni con ladrillo almorzar,
     no andar hecho jornalero
cercado de mil tareas
y no sacarme correas,
si no trabajo, del cuero.
     Es gran cosa comer ollas
sin verse en tantos trabajos
siendo los principios ajos
y la comida cebollas.

María   Y si aqueso no faltara,
no fuera, Masar, tan malo
que al fin con este regalo
tanta opresión se pasara.

Masar   Yo fui de buena ventura.

María   Conversando con gitanos,
mucho sabrás ya de manos.

Masar   Merlín en alzar figura
     soy, y si haces experiencia,
conocerás que soy sabio
porque el más diestro astrolabio
conmigo es hombre sin ciencia.
     En la predicción futura
ninguno me ha de ganar

y así te quiero cantar
tu buena o mala ventura:
    Dame la mano y verás
en las orillas del Nilo
cosas dichas con estilo
que no se ha visto jamás.

María   Si tan adelante vienes,
agora pretendo ser
en lo curioso mujer
por ver el genio que tienes.

(Dale la mano. Mírala Masar.)

Masar   Para haber de declarar
tantas rayas y tan buenas
de tantos misterios llenas,
primero se ha de asentar
    que nace cada persona
debajo de su ascendente
de estrella, ya en en oriente
o ya en la tórrida zona
    y según está la Luna
con la estrella que le inclina
con su inclinación camina
antes de dejar la cuna.
(Va señalando.)   Esta raya de la vida
que larga dice ha de ser
publica que te has de ver
desde pequeña afligida,
    pero también asegura
ésta que en ella tropieza
que ha de rendirse a una alteza
tu soberana hermosura.

Ésta dice que te harás
de rogar, y ésta publica
que por venir a ser rica
y libre te rendirás.
    No pienses que es invención,
ni tu pecho ha de alterarse
que ésta dice ha de llamarse
aqueste Rey, Faraón.
    Ésta te viene a rogar
que no te muestres cruel
cuando te traiga un papel
uno llamado Masar.
    Ésta tu ventura ha sido,
y yo vengo a ser correo,
que todo tu bien deseo.
Respuesta y perdón te pido.

(Dale el papel.)

María   Para poder responder
            a tan cortés alcahuete,
            es fuerza leer el billete.

Masar   Comienza, pues, a leer.

(Lee.)

María   «La fuerza de los hermosos rayos que
            giran contra mí tus bellos soles, que sin
            duda alguna Júpiter tonante hizo centro y
            esfera de ellos, le hermosura de tu rostro
            de donde el rapaz alado y dios flechero los
            tomase para que sirviesen de arpón severo,
            y jara enarbolada en mi corazón, me obliga,

bella hebrea —esclava no, aunque esclava
que yo soy el esclavo— me obliga a decir,
vuelvo, que por dueño mío te elija y constituya.
Permite, si no es atrevimiento el suplicarlo,
que sea favorecido con tu vista de quien la vida
espera aqueste preso Rey, en los grillos de tu
belleza. Aguárdame esta noche que sin duda
ninguna pienso verte. El Rey.»

<table>
<tr><td>María</td><td>Quién, escuchando la firma,
el papel no ha de besar?</td></tr>
<tr><td>(Besa el papel.)</td><td>Y, ¿quién no se ha de turbar
con lo que el papel afirma?
Mi ventura se confirma
recibiendo este papel
y oyendo lo que hay en él,</td></tr>
</table>

....

....

.... [-el].

La respuesta darte quiero
muy breve será y sucinta
porque no hay papel ni tinta
para un papel lisonjero;
mas servirá de tintero
y pluma mi lengua y boca,
aunque me tenga por loca
y el papel será tu mano.
Y pues tú has sido gitano,
el ser gitana me toca.
Dame la mano, Masar.

(Dale Masar la mano.) que porque no se te olvida
la respuesta que me pide
la quiero en ella pintar.
Y de ella vendrá a sacar

que esta raya de la vida
le dice que se despida
de que le venga a querer,
aunque la venga a perder
y esté en prisión afligida.
    Y que también le asegura
ésta que en ella tropieza
que es pequeña su grandeza
para darme a mí ventura.
Ésta dice que es locura
el intento, que ha tenido,
y ésta que si está perdido
por ver postrado mi honor,
que sabré mostrar valor
contra un Rey desvanecido.
    Ésta dice que cruel
y rigurosa he de estar
con un villano Masar
que me trujo este papel;

(Rómpele y ásele del brazo y tiembla Masar.)

que a ser hijo de Israel,
ser villano no intentara;
mas quien con acción tan clara
ha mostrado ser de Egipto
la respuesta y sobreescrito
quiero que lleve en la cara.

(Dale un bofetón y cae Masar y escupa sangre, y vase María.)

Masar   ¡Ay, ay, que muelas escupo!
¡La quijada me has llevado!
¡Todo estoy ensangrentado!

¡Qué bien responderle supo!
Notable porte me cupo
de traer este billete,
¡mal haya, amén, quien se mete
con amor a ser tercero,
y mal haya el majadero
que quiere ser alcahuete!

(Vase, y salen Jetro y Séfora.)

Séfora   El parabién de mi bien
os vengo, señor, a dar,
que no me pudisteis dar
más bien que darme a Moisén.
   Dichoso llamo aquel día
que recostado le hallé
en el pozo, pues que fue
parabién y dicha mía.

Jetro   Luego al punto que le vi
tan manso y tal reposo
le dediqué para esposo
tuyo, y luego te le di.
   Bien en todas sus acciones
ostenta su discreción.

Séfora   Padre, su conversación,
su donaire y sus razones
   al abárimo más fiero
y al más bárbaro tirano
hará tratable y humano,
y de un tigre hará un cordero.

Jetro   ¿Dónde lo dejas agora?

Séfora   Pastoreando va el ganado.

Jetro   Hasta el ganado ha ganado.

Séfora   Bien se ve pues se mejora.

Jetro   ¿Cuándo has de volver allá?

Séfora   La siesta tendré con él,
                porque no se halla sin él
                el alma que le di ya.

Jetro   ¿Quiérenle bien los pastores
                que apacientan en Madián?

Séfora   Siempre obediencia le dan
                los grandes y los menores.
                   Hasta las aves pasieras
                cuando ven que viene el alba
                en su albergue le hacen salva.

Jetro   No es mucho que bien le quieras
                   si todos le quieren bien.

Séfora   Yo confieso que le adoro,
                y tanto, padre, que lloro
                cuando no estoy con Moisén.

Jetro   ¿Quiérete mucho tu esposo?
                ¿Muéstrase afable contigo?

Séfora   Tanto que si no es conmigo
                dice que está sin reposo.

Jetro   ¿A qué vienes?

Séfora   He venido
                         por pan.
Jetro   ¿Quiéreste volver?

Séfora   Sí, padre, por ir a ver
                         al dueño de mi sentido.

Jetro   Vamos, pues.

Séfora   Dichosa suerte
                         tendré con ese favor.

Jetro   Ve presto, porque el amor
                         es más fuerte que la muerte.

(Vanse y sale Moisén de pastor, y trae el cayado.)

Moisén   En tanto que las ovejas
                         pacen en Horeb, la grama
                         que de hilos sirve adonde
                         el alba perlas ensarta,
                         en tanto, pues, que en Madián
                         se entretienen las hermanas
                         de Séfora, dueño mío,
                         y ella también está en casa,
                         con su padre entretenida,
                         por ser Jordán de las canas
                         de Jetro, que al fin las hijas
                         en oro vuelven la plata
                         de un padre que las adora,
                         siendo las hijas honradas,

quiero en este monte umbroso
donde compiten las hayas
con sus encumbradas puntas
con la esfera tachonada
de los astros luminosos,
que es asiento y es alcázar
del Principio sin Principio,
Causa Primera de Causas,
ser un rato agradecido;
que no es mucho le dé gracias
cuando me hallo obligado
con obligaciones tantas.
Mas, ¿qué digo?

(Pónese de rodillas.)   Dios inmenso,
que con sola una palabra
que dijiste, se hizo luego
cielo, tierra, fuego y agua;
de vuestras manos las obras
gracias os den, que no alcanzan
mis palabras a alabaros
que son toscas mis palabras.
Canten los ángeles himnos,
ponga el cielo luminarias,
el querubín abrasado
que sin cesar siempre os canta
«Santo, Santo», ése os alabe
que tiene la lengua arpada.
El Sol y Luna os bendigan
que solo su curso basta
para dar motivo al hombre
que os alabe. Las erráticas
estrellas y las estables
que por la esfera más alta
giran rayos, lazos formen,

Señor, en vuestra alabanza.
Porque si no es vuestras obras,
ángel, cielo, luminarias,
arpadas lenguas, Sol, Luna,
querubín, que siempre os canta,
no habrá quien os alabe
porque mi lengua, Gran Señor, no sabe.
El aljófar de la noche
las perlas que vierte el alba,
vuestro poder publicado
os alaben con el nácar;
el fuego crisol del oro,
el invierno con su escarcha,
la resplandeciente nieve,
los regolfos de las aguas,
la noche oscura y el día,
la luz y tiniebla opaca,
publiquen vuestras grandezas
y con calor os den gracias,
porque si no es el aljófar,
perlas, fuego, crisol, nácar,
invierno, nieve, regolfos,
noche, día, luz y escarcha,
no habrá quien os alabe
porque mi lengua, Gran Señor, no sabe.

(Córrese una cortina y aparécese un Ángel entre unas zarzas que arden y no se quemen.)

Ángel   ¿Oyes, Moisén? ¡Ah, Moisén!

(Levántase alterado.)

Moisén   ¿Quién me nombra? ¿Quién me llama?

Ángel   Yo te llamo; no te alteres.

Moisén   ¡Oh, visión extraordinaria!
                         ¿Quién entre zarzas os puso?
Ángel   El amor me ha puesto en zarzas;
                         que otro que amor no pudiera
                         obligarme a tal hazaña.

Moisén   Cobarde estoy, pues no llego
                         a ver arder una zarza
                         y no quemarse. ¿Qué es esto?

Ángel   Detente, Moisén; que es santa
                         aquesta tierra que pisas.
                         Los pies primero descalza
                         si quieres llegar, que importa,
                         Moisén, que descalzos traigas
                         los pies a ver el misterio.

Moisén   Si en aqueso se repara,
                         ya, señor, estoy descalzo.

(Descálzase.)

Ángel   ¿Conoces a quien te habla?

Moisén   No, señor.

Ángel   Pues está atento.
                         Sabrás en breves palabras
                         quién soy y por qué te busco.

Moisén   No acierto a mover las plantas.

Ángel   Yo soy el que sin principio
                         di ser al ser de la nada.
                         Yo soy el Dios de tu padre.

(Cúbrase Moisén el rostro con las manos.)

Moisén   ¡Señor!

Ángel   No temas, aguarda.
                         Dios de Abrahán, Dios de Isaac,
                         y Dios de Jacob que basta
                         para que sepas quién soy.

Moisén   ¿Quién mirará vuestra cara,
                         Señor, que no quede ciego?

Ángel   Tú solo, porque te aguardan
                         mayores cosas, Moisén.
                         Sabrás que he visto las ansias
                         de mi pueblo que afligido
                         en tanta opresión se halla;
                         y quiero que desde aquí
                         con una embajada vayas
                         a Faraón y le digas
                         que importa que al punto salga
                         mi pueblo de su poder
                         para que al desierto vaya
                         donde víctimas y aromas
                         sacrifiquen en muchas aras
                         que aqueste hecho he guardado
                         para timbre de tus armas.
                         Bien sé que no ha de querer
                         Faraón; mas mi palabra,

Moisén, no te ha de faltar
que después de plagas varias
con que [he de afligir a Egipto]
pedirá joyas prestadas
a los Egipcios mi pueblo.
Yo te ayudaré a sacarlas
y dándo e paso libre
le pondré en tierra que mana
leche y miel donde tendrá
por suya una tierra crasa.
El capitán de Israel
serás en esta jornada.
Parte al punto.

Moisén   ¿Quién soy yo
para hacer tal embajada?

Ángel   No temas, que yo estaré
contigo y seré tu guarda.

Moisén   El Dios de Isaac y Jacob,
Señor, diré en voces altas,
me envía; mas si replican
que cómo este Dios se llama,
¿qué les diré?

Ángel   Que yo soy
el que soy.

Moisén   Y si su rabia
se enfurece contra mí
y se pone el pueblo en armas,
¿con qué haré ostentación
de esta verdad?

Ángel   Bien reparas,
                    pero parte confiado
                    que soy yo quien te lo manda.
                    Vete a Egipto, que en Egipto
                    verás, Moisén, mis hazañas,
                    y aquesa vara que llevas,
                    cuando estés dentro en la sala
                    de Faraón, ha de dar
                    principio a las cosas altas
                    que has de ver. Nada te asombre;
                    que a mi deidad soberana,
                    no es imposible. Vete,
                    que Arón en Tanís te aguarda
                    donde le diré el suceso.

Moisén   Señor, si Arón me acompaña
                    no temo adversa fortuna.

Ángel   No dejes aquesa vara
                    que tocando el Mar Bermejo
                    con ella, puente de plata
                    hará para que paséis.
                    Mira que luego te vayas.

(Cúbrese el Ángel.)

Moisén   ¡Aguarda, señor divino!
                    Fuése. Pues ya me parto.
                    Capitán soy de Israel.
                    Dios me lo dice; pues, ¡basta!
                    Animo, cobarde pecho,
                    que cuando Dios va en el alma,
                    poco importan Faraones.

¡Alto, a entrar en la batalla!

Fin de la segunda jornada

Jornada tercera

(Salen Séfora y Jetro.)

Jetro   ¿Cómo te vuelves a casa
y dejas a lá a Moisén?

Séfora   Porque dura poco el bien.
Oye, y sabrás lo que pasa.
 Ya sabes como partimos
con tu licencia, con gusto,
pero volvióse en disgusto
el viaje que hicimos
 porque le quiso matar,
padre, el ángel del Señor.

Jetro   ¿Por qué?

Séfora   Por ser transgresor
de la ley que ha de guardar.
 Iban Gersán y Eliacer,
mis hijos, este camino
y por mandato divino
mandado está que han de ser
 circuncidados; y aunque
por ley obligado estaba,
incircunciso llevaba
a Eliacer. Por esto fue.
 Quiso quitarle la vida
el ángel, y yo advirtiendo
la causa, partí corriendo
y aunque no iba prevenida,
 me dio el suelo una pizarra
con que el prepucio corté

que en aquesta ocasión fue
su cuchillo y cimitarra.
    Yo, viendo suceso tal,
enfadada de Moisén,
volverme tuve por bien
a la casa paternal;
    que el primero ser me ha dado,
adonde con regocijos
de mi padre, y de mis hijos
gozaré con mi ganado.
    Aquésta la causa ha sido
y también si lo advertís,
fue por no verme en Tanís,
donde está el pueblo afligido
    de Israel, que si le viera
en trance tan riguroso
como Moisén es mi esposo
y es hebreo, lo sintiera.

Jetro   Alabo tu discreción
que sabe el cielo, hija mía,
como tu ausencia sentía.

Séfora   Harto siente el corazón
    su ausencia, aunque en esta ausencia
me consuela —y es forzoso—
ver que queda a ser mi esposo
un padre que está en presencia.

Jetro   Tú vienes a ser también,
con notable regocijo,
señora, un querido hijo
en ausencia de Moisén.
    Y porque vendrás cansada

                    y el Sol nos quiere dejar,
                    vamos, daréte a cenar.

Séfora   Tuya soy.

Jetro   Ven, hija amada.

(Vanse y sale Masar, huyendo, y Faraón tras él con la daga desnuda.)

Faraón   ¡Por los dioses que venero,
                    pues no me sabes servir,
                    villano, que has de morir!

Masar   Señor, si traigo el letrero
                       de la carta que llevé
                    en mi rostro, no es razón
                    que muera como lechón.
                    Basta, que a escupir llegué
                       —sirviendo de fiel sirviente
                    porque más de mí te duelas,
                    señor— cuatrocientas muelas
                    y dientes dos mil y veinte.
                       No pienses que poco siento
                    verte a ti tan enojado
                    cuando mi boca ha quedado
                    sin dientes, papando viento.

Faraón   Bastaba solo, hebreo,
                    para aumentar mi pesar.

Masar   Yo la volveré a hablar
                    porque sabrás que deseo
                       que corresponde a tu gusto.

Faraón   Ven acá.

Masar   Si he de llegar,
y en mí quieres envainar
la daga, señor, no es justo.
(Aparte.)   (¡Oh, quién agora tuviera
menos barba que yo capón
para hacer a Faraón
que al re[taguardia] anduviera!)

Faraón   No temas. Llega, Masar.
Tú has de trazar que esta noche
pueda hablarla, aunque trasnoche
hasta que salga del mar
   y vuelva a nuestro horizonte
tendiendo madejas de oro
envidiando al Sol que adoro
con sus caballos Faetonte.

Masar   ¿Y si derriba quijadas,
como muelas derribó?

Faraón   No temas, Masar, que yo
te las daré mejoradas.

Masar (Aparte.)   (¡Oh, pesar de mi linaje
no era mala la invención!)

Faraón   Mira, que soy Faraón.

Masar   Aunque su pena se ataje
   quiero, aunque temo, volver.

Faraón   Cuando el papel le llevaste,

dime, ¿cómo la hallaste?

Masar

¿Cómo la hallé? ¡Mujer!

Faraón

   Mejor dirás tigre hircana,
fiera leona del Nilo,
sordo risco y cocodrilo,
pues te respondió tirana.
   Aqueso no he preguntado,
sino si hermosa estaba.

Masar

Tanto que si la miraba
me quedaba embelesado.

Faraón

   ¿Leyó con gusto el papel?

Masar

Señor, sí, y cuando llegó
a «Yo el Rey», colocó
en él hermoso clavel
   de su boca, mas después
colérica y enojada
me dio tan gran bofetada
que me derribó a sus pies.

Faraón

   Traza con tu habilidad
lo que te digo.

Masar

          Ya voy.

Faraón

Dila que su esclavo soy.

Masar (Aparte.)

(¡Ojalá fuera verdad!)

(Vanse y salen Arón con una espuerta de ladrillos, y Nacor dándole con un palo.)

Nacor
             Hebreo descuidado,
jornalero grosero y mal mirado,
si estás cautivo y preso
¿cómo te vienes con tan poco seso?
Villano, ¿tan de espacio
se aguardan los maestros en palacio?
¿Son estas las tareas
que con puntualidad cumplir deseas?

Arón
Repórtese tu lengua,
no pronuncie razones en mi mengua;
que aunque estoy atareado
soy hijo de Israel y soy honrado
y aunque arriesgue mi vida
como noble sabré ser homicida.

Nacor
¡Por los dioses que invoco
que debe este cautivo de estar loco!

Arón
A estarlo, yo hiciera
que un atrevido egipcio fin tuviera;
mas como tengo juicio
sufro oprobios y afrentas de un egipcio.

Nacor
¿Qué es aquesto que veo,
israelítico vil, villano hebreo?

(Dale con el palo.)

Arón
Dame con ese palo;
que de tu mano al fin será regalo.

Nacor

Yo haré, malnacido,
que te den el castigo merecido.

(Vase Nacor.)

Arón

¡Ah, prisión importuna,
castigo riguroso de Fortuna!

(De rodillas.)

¿Hasta cuándo, Dios mío,
tendrá el pueblo gitano tanto brío?
Señor, cesen los daños,
que ha sufrido Israel tan largos años.
Salga de cautiverio,
pues es el mando vuestro y el imperio.
Vaya por juicio oculto
donde aromas consagre a vuestro culto,
holocaustos hacer la gente hebrea
y con pecho sencillo
ofrecer el cruento corderillo.

(Aparece el Ángel en un bofetón.)

Ángel

Sosega, Arón, tu pecho,
que ya respondo a la oración que has hecho.

Arón

¡Oh, mi señor divino,
consuelo es éste extraño y peregrino!

Ángel

Presto vendrá tu hermano
Moisén para que libre del gitano
mi pueblo, cuyas voces
llegan al cielo tristes y veloces.
Moisén viene instruído
de lo que se ha de hacer. Ya le he escogido

por oculto rodeo
para ser capitán del pueblo hebreo.
Tú andarás a su lado,
haciendo en cuanto diga mi mandado.
Y pues mi orden viene,
creed cuanto dijere, que conviene.
Y si ignoras mi nombre,
soy el Dios de Abrahán. Nada te asombre.

(Cúbrese el Ángel.)

Arón   Volved, Señor inmenso,
que absorto quedo, atónito y suspenso
oyendo nuevas tales.
(Levántese.)   ¡Albricias Israel! Que vuestros males
ya tendrán fin dichoso
porque el Dios de Abrahán es poderoso.
Él lo toma a su cargo.
Prevenid para hacer con Dios descargo.
Los inciensos Sabeos
que Jerusalén tuvo por trofeos,
el oro de Ofir venga,
y las aromas que más finas tenga.
Ánimo, gente hebrea,
porque de nuestra parte Dios pelea;
que es Dios muralla fuerte
que libra a quien le llama de la muerte.

(Vase y sale Masar, pensativo.)

Masar   ¿Quién me mete en alcahuete,
en trato que me está mal,
porque esta mujer es tal
que el puño en el rostro mete?

        Aquí Faraón me envía
a rogar, y no sé cómo,
porque temo el puño romo,
y ha de ser a costa mía.
    Música la viene a dar,
y no sé con qué invención
diga, que hable a Faraón.
Yo quiero al Rey engañar.

(Pónese el dedo en la frente.)

            De esta va. A Dios me encomiendo.
(Da voces.)   Ábreme presto, María;
que es tal la desdicha mía
que un gran mal estoy temiendo.
    Abre presto, hermano Arón,
favoréceme esta vez
porque peligra mi nuez.

(Dice dentro María.)

María   Masar, ¿es otra invención?

Masar   No, cierto; que antes ha sido
                 porque he dicho la verdad.

María   Entra, pues.

Masar (Aparte.)   (Piedras, callad.
                 ¡Qué lindamente he fingido!)

(Éntrase, y salen Nacor, Faraón, y músicos, de noche.)

Faraón   Aquí habéis de cantar, sirviendo de alba.

Hasta que salga el Sol bordando cumbres,
no haga falta aquí la filomena,
y en versos tristes la decid mi pena.

Nacor

Pésame, gran señor, que siendo esclava,
te sujetes haciendo esta fineza.
Si no quiere rendirse, hacerla fuerza;
que no es razón que un Rey tan poderoso
y en quien la vida de este reino estriba
humille su grandeza a una cautiva.

Faraón

¡Ay! ¡Como ignoras del amor las leyes!
Que a saberlas, Nacor, no me dijeras
que por fuerza gozara a quien adoro
que es cierto si por fuerza la gozara
que en desamor amor se transformara.
Dejemos argumentos. Cantad luego.

(Paséase Faraón y cantan, y sale Arón y escucha.)

Música

«Oye cautiva hermosa,
en quien ha puesto el cielo
padrón a la belleza
y envidia al oro mesmo.
Escucha de un amante
en tu belleza preso,
rendido con desdenes
y con donaires muerto,
la fe más verdadera
que han visto nuestros tiempos,
pues desdeñado adora
tu mismo pensamiento.»

Arón

Cuando vengo cansado

.... [- e-o]
del trabajo afligido,
¿halle aquestos encuentros?
¿A puerta de María,
hija de padre hebreo
y de Moisén hermana,
diciendo dulces versos?
Quiero satisfacerme
porque a su casto pecho
sin escuchar las partes
ya su valor ofendo.

(Sale Masar a la ventana.)

Masar (Aparte.)   (María está encerrada.
Yo decirla no quiero
a lo que el Rey me envía
que sus poderes temo.
El Rey está aguardando
y no hay otro remedio
sino decir que soy
la que le tiene muerto.
La noche hace oscuro
y aunque bigotes tengo,
no verá mis bigotes
que está de amores ciego.
Quiero fingir la habla
y con cuatro requiebros
que yo al gitano diga
andará al retorteno.
De aquesta vez, señores,
hemprimacho me vuelvo
que el miedo a esto me obliga;
mas, ¿qué no intenta el muerto?)

(Habla melindroso.)   ¡Ah, señores cantores,
                          canten! Canten; que huelgo
                          de escuchar voces tales
                          con pasajes y quiebros.

Faraón   Ya es el balcón oriente
                          donde sale tendiendo
                          los rayos más brillantes
                          y lucientes reflejos
                          que Febo. ¿Cuándo sale,
                          la que tengo por dueño
                          gloria de mí sentido?

Masar (Aparte.)   (No es malo el embeleco
                          a fe que la ha mamado.)
                          Ya vengo a obedeceros.
                          ¿Qué mandáis a esta esclava?

Arón (Aparte.)   (¿Quién ha visto suceso
                          más lamentable y triste?
                          ¿Yo soy honrado y tengo
                          israelítica sangre?
                          ¿Con Moisén parentesco?
                          ¡Qué una mujer de noche,
                          necia salga al terrero
                          para escuchar canciones!
                          ¿Qué dirán los Hebreos?
                          Quiero escuchar si habla?)

Faraón   Queréis, hermoso cielo,
                          que canten más?

Masar   Ya digo
                          que canten porque quiero

escuchar consonancias
de tan diestros Orfeos.

Faraón   Cantad, que escucha un ángel.

Masar (Aparte.)   (Sí, de los que cayeron.)

Música   «Bizarra, y hermosa hebrea,
en quien pusieron los cielos,
las gracias de mil en mil,
los donaires ciento en ciento,
ya que esos globos divinos
de cristal me miran tiernos,
tus perlas aliento exhalen
mereciendo yo cogerlo.»

Masar   Por la esquivez que he tenido
tengo ya arrepentimiento.
Vuestra esclava soy dos veces,
y vos dos veces mi dueño.

Faraón   Ya he logrado mi esperanza;
colmados son mis deseos.
Cese la melancolía;
tenga lugar el contento.
Prevenga fiestas Egipto;
traigan armas los negros,
Arabias, perlas y oro,
néctar, los dioses supremos.
Topacios traiga Etiopia,
nácares el Mar Bermejo,
camorayes Cambray la ofrezca,
mirras preciosas los cedros,
los riscos altos cristales.

Traigan los partos y medos
valajes y cornerinas.
Reine en Tanís, pues yo reino.

Masar

Advertid, que esas riquezas,
gran señor, no las merezco.

Faraón

Sí, merecéis.

Masar

                    ¿Por qué causa?

Faraón

Porque sois mi bien.

Masar

                    Ya os tengo
por mi quitapesadumbres.

Faraón

Yo por mi aumentacontentos.

Masar (Aparte.)

(No soy sino aumentapenas
cuando sepáis el enredo.)

Faraón

¿Cuándo he de gozar el fruto
de amaros?

Masar

                 Mi hermano siento.
Quiero ver si me ha sentido.
Canten más, que luego vuelvo.

(Vase Masar.)

Arón

(¿Es posible que Arón sufra
que esté diciendo requiebros
a un gitano que me afrenta
una mujer que la tengo

por mi hermana? ¿Y que permita
que estén haciendo conciertos
con que el honor de Moisén
le derriben por el suelo?
¿Qué importa que sea cautivo
para tener tal silencio?
¡Muera el Rey! Mas, ¡ay! Que estriba
mi vida en tener secreto.
Mejor es entrar en casa
y, pues por los ojos veo
mi deshonor y mi afrenta,
lazos serán los cabellos
de María, y su garganta
pagará el mal que padezco;
que más vale que ella muera
antes que esté el honor muerto.

Nacor   Al fin señor, ¿se ha rendido?

Faraón   Sí, Nacor.

Nacor   Vuelven los ruegos,
en la mujer más honesta,
de cera un pecho de acero.

(Sale Masar.)

Masar   ¿Qué te parece del caso?

Faraón   Masar amigo, que has hecho
con lealtad lo que esperaba.

Masar   Verás que agradar deseo.

(Cantan.)

Música   «Salga el Sol de tu hermosura,
                          rayos dando al universo,
                          que está en tinieblas el alma
                          hasta ver tus ojos bellos.»

(Sale María a la ventana donde estaba Masar.)

María   ¿Quién con tanta libertad
                          consonancias echa al viento,
                          sabiendo que mis umbrales
                          son de honestidad el centro?

Faraón   Yo soy, hermosa Maria.

María   ¿Quién con tal atrevimiento
                          aquí responde «yo soy»
                          sino es de esta casa dueño?
                          En la voz le desconozco,
                          y así pues, si es discreto,
                          antes que le cueste caro,
                          volverle.

Faraón   ¿Qué es lo que veo?
                          El Rey soy, dueño que adoro.

María   Si es el Rey, estése quedo
                          y en razones bien sucintas
                          le diré mi pensamiento.
                          Razón es que al Rey estimen
                          los grandes y los pequeños,
                          pero también es razón
                          que no haga el Rey malos hechos.

112

Y aunque responder podrá
que el amor le obliga a hacerlos,
es cuando hay correspondencia
entre dos conformes pechos.
Casto amor correspondido
todos le juzgan por bueno
como le juzgan por malo
el amor que no es honesto.
Y ya que perseverancia
venga a hacer tales extremos,
en las hijas de Israel
este amor no tiene asiento.
Ya le dije a vuestra alteza
cuando me vio en el ameno
prado cogiendo las flores
que no tratase de aquesto.
Pidióme que me acercase,
dije entonces que de lejos
se han de mirar las mujeres
que cerca parecen menos.
Cortés me pidió una mano
y mis labios respondieron
que si no es para castigos
nunca mis manos ofrezco.
Testigo será Masar
de la verdad de este hecho,
cuando un papel de tus manos
me trujo por embelecos.
Verdad es que lo leí.
En aquesto culpa tengo;
que mejor fuera romperle
antes de ver su veneno.
También me hallo culpada,
en que escuchando los ecos

del Rey, le puse en mis labios
por deberse este respeto
al nombre de Rey, no al Rey,
cuando no merece serlo.
La respuesta que le di,
su rostro la está diciendo,
que fue el papel en que entonces
te la escribieron mis dedos.
Y él también te lo habrá dicho
todo como fiel correo.
Estas respuestas te he dado
y agora responder quiero
que te cansas, Faraón
en lo que estás pretendiendo.
Poco te importa ser Rey,
y ser dueño de este imperio,
para postrar arrogante
mi honor, que no tiene precio.
Siempre he de ser la que fui,
y aunque cautiva me veo,
el alma es libre y el alma,
nunca teme cautiverio.
Bien podrás aherrojarme,
bien podrás darme tormentos,
y bien podrás imitar
a los bracamanes fieros;
mas mudarme no podrás,
aunque eres Rey, de este intento
conociendo así que soy
hija de padres hebreos.
Desengañarte he querido,
ya que vine a tan buen tiempo,
y decirte que no estimo
tus riquezas ni tu reino.

No tienes qué me ofrecer:
oro, perlas camafeos,
crisolitos, esmeraldas,
ni carbunclos extranjeros.
Que todo cuanto me ofrezcas
será de ningún provecho
para obligarme que admita
amor que es tan poco honesto.
Veré, Rey, a tu palacio.
No intentes, siendo grosero,
publicar tu liviandad,
y que la sepan doscientos.
Si solos tres lo sabían,
de a Rey aqueste puesto;
que se lo diré a mi hermano,
y aunque agora es prisionero,
sabrá vengar esta afrenta,
y cuando le oprima el miedo
por ser tú Rey y él tu esclavo,
yo, que de honrada me precio,
sabré ceñirme una espada,
y sacando el limpio acero
con esfuerzo varonil
cortar tu arrogante cuello.
Vete. No aguardes a más,
no me obligues, siendo necio,
que venga a poner por obra,
Rey aleve, lo que cuento.

(Vase María.)

Faraón   ¿Qué es esto, cielo santo?
¿Quién vio tal laberinto y tal encanto?
¿Heste ya arrepentido

de lo que antes habías prometido?
Nacor, empieza luego
a abrasar a Jesén en vivo fuego,
y el amor que tenía
se convierta en rigor y tiranía.
Todo el pan se les quite,
y hasta el agua también se les limite.
No quede esclavo a vida,
piérdanla, pues, la tengo yo perdida.

Masar   Sosiéguese tu pecho,
que debe de importar aqueste hecho,
que si la vio su hermano,
por él así te ha hablado, aquesto es llano.
Y la palabra dada,
yo haré que la cumpla; que es honrada.
(Aparte.)   (Con aquesto le engaño
y libro al pueblo hebreo de este daño.)

Faraón   Siempre has sido discreto
y así me das consuelo en el aprieto.

Masar   Pon a tu enojo pausa
que mañana, señor, sabré la causa.

Faraón   Vamos. Hasta mañana.

(Vanse los dos.)

Masar   Todo su enojo ha vuelto en agua y lana.
Yo estoy temiendo agora
cuando sepa que fui yo la señora
que entonces con dolores
se volverán en palos mis amores.

(Vase.)

Arón   ¿Puede haber más confusión
que la que este paso ofrece?
Ya a Faraón favorece,
ya desprecia a Faraón.
    No entiendo aquesta mujer,
si es honrada o si es liviana;
mas siendo de Arón hermana
no me queda qué temer.
    Quiero entrarme a descansar
pues hay sosiego en Jesén;
porque mañana a Moisén,
mi hermano, pienso buscar.
(Sale Moisén.)   Mas un bulto miro allí.
¿Qué será? ¡Válgame Dios!
¿Si fue traza de los dos
para deslumbrarme a mí?
    ¿Si vuelve acá Faraón?
Ya es forzoso estar dudando;
que mucho se va acercando.
Ésta es otra confusión.

Moisén   Ya vuelvo, casa, otra vez
a pisar vuestros umbrales
que son los palacios reales
donde tuve mi niñez.
    Llamar quiero y lograré
mis deseos, pero tente,
Moisén, que en la calle hay gente
que hace que dudoso esté.
    ¿Gente a puerta de mi hermana
a tal hora? ¿Qué será?

Mucha sospecha me da
de que María es liviana.

Arón

Él me ha visto y se recela
de mí, y no quiere llegar.
Ya me obliga a sospechar
que entre los dos hay cautela.

Moisén

Aquí me importa saber
el intento que éste tiene.

Arón

Aquí con qué intento viene
aquéste me importa ver.

Moisén

¿Posible es que siendo hebrea
no hace caso del honor?

Arón

Sin duda tiene temor
pues no llega y lo desea.

Moisén

Si mi honra está ofendida
morirán María y Arón.

Arón

Si me ofende Faraón,
peligro corre su vida.

Moisén

Aquí importa no dudar.

Arón

No dudar importa aquí.

Moisén

Llegar quiero aunque sin mí.

Arón

Él o yo aquí ha de quedar.

Moisén

    Nada te acobarde, pecho.

Arón

Pecho, nada te acobarde.

Moisén

Sospecho que estás cobarde.

Arón

Que estás cobarde sospecho.

Moisén

    Animoso llego ya.

Arón

Ya me animo aunque sea el Rey.

Moisén

A un ofendido, la ley
le libra. ¿Quién es?

Arón

             ¿Quién va?

Moisén

    Yo soy el que lo pregunto.

Arón

Yo el que lo pregunto soy.

Moisén

Yo puedo estar donde estoy.

Arón

Que vienes loco barrunto.

Moisén

    Deja la calle, que importa
a mi honor.

Arón

        Al mío también,
que la dejes está bien.

Moisén

Más en hablar te reporta
   si no quieres que esta calle
sea testigo de tu muerte.

Arón   Si por ser Rey te haces fuerte,
                        mi honor no quiere que calle.

Moisén (Aparte.)   (Ésta es mayor confusión.)
                        Rey dice que soy. ¿Qué es esto?

Arón   Sea quien fuere, aqueste puesto
                        le conviene a mi opinión
                           que deje y se vaya luego.

Moisén   Ya he llegado a sospechar
                        que dentro debe de estar
                        el que causa aqueste fuego.
                           Guarda infame de esta puerta,
                        ¿no sabes que soy Moisén
                        que llega agora a Jesén?
                        ¿Quién afrentarme concierta?
                           ¡Aparta! Entraré a estorbar
                        la ofensa de mi opinión.

Arón   Detente, que soy Arón.
                        Tu enojo puede cesar.

Moisén   Hermano, dame los brazos,
                        y mi sospecha perdona.

Arón   El ser honrado te abona,
                        ¡O qué dichosos abrazos!

Moisén   ¿Qué hacías, hermano Arón,
                        en este puesto a tal hora?

Arón   Contemplando estaba agora

el rigor de Faraón.

Moisén   Presto libre estará de él
                          de Dios el pueblo escogido.
Arón   Bien sé ya que te ha elegido
                          por capitán de Israel.

Moisén   Vamos, Arón, que los dos
                          le habemos de rescatar.

Arón   ¿Quién nos tiene de ayudar?

Moisén   Buena ayuda es la de Dios.

(Vanse y salen Datán y Avirón.)

Avirón   Si en el rigor que ha dado permanece,
                          no hay duda hermano que Israel acabe.

Datán   ¿Por qué ocasión agora se enfurece
                          Faraón, si la sabes?

Avirón   Nadie sabe
                          qué ocasión para aquello se le ofrece,
                          solo sé que gran parte a mí me cabe
                          de este rigor, Datán.

Datán   ¡Ah, pueblo triste!
                          ¡Qué diferente estás del que antes fuiste!

(Sale Josué, deprisa.)

Josué   ¡Albricias, Datán, albricias!

Datán   ¿De qué, amigo Josué?

Josué   Bien lo debéis de ignorar,
                 pues me preguntáis de qué.
                 ¿Cómo estáis tan descuidados
                 cuando ha venido Moisén
                 por mandamiento de Dios
                 a rescatar a Israel?

Datán   ¿Piensas que locos estamos
                 que te habemos de creer
                 los disparates que dices?
                 Moisén, que huyéndose fue
                 el rigor de Faraón,
                 a Egipto no ha de volver.
                 Y cuando a Egipto volviera,
                 ¿qué partes se hallan en él
                 para darle aquese cargo?

Josué   Datán, Dios lo puede hacer.
                 Escucha, y sabrás el caso.
                 Anoche vino a Jesén
                 a buscar su hermano Arón,
                 y esta mañana a las diez
                 juntó los más principales
                 y dijo lo que diré.
                 «Sabed, príncipes del pueblo,
                 que el divino Emanuel,
                 Dios de Abrahán y de Isaac,
                 y Dios de Jacob también,
                 las aflicciones ha visto
                 que dentro en Tanís tenéis,
                 y oyendo las peticiones
                 que le envía el pueblo fiel,

como todo lo que quiere
se hace con solo querer,
quiere ya que libre viva
el que cautivo se ve.
Y para que efecto tenga,
me señala a mí por juez
mandando que luego al punto
lo consulte con el Rey.»
Los viejos le replicaron,
y en nombre de ellos Calef
dijo: «Sin más testimonio,
dar crédito no está bien,
Moisén a lo que nos dices».
Él dijo: «Yo le daré».
Y el testimonio que ha dado
es señal que verdad es.

Avirón   ¿Y qué testimonio ha sido?

Josué   Que para dar a entender
ser verdad lo que relata,
más ligero que Asael
una vara echó en el suelo,
y dándole Dios poder,
en serpiente se convierte
lo que seco palo fue.
A todos terror causó
y yo de verla temblé;
y él dice, no tengáis miedo
y volviéndola a coger,
en vara se convirtió
como antes. Pero después,
mostrando limpia su mano,
y más blanca que un papel,

apenas la entró en el pecho
cuando haciéndonos temer
la sacó llena de lepra.
Y como justo Josef,
siendo su pecho piscina
de salud volvió a su ser.
En sangre convirtió el agua
estando muertos de sed
los niños y las mujeres,
y hecho ya otro Noé,
convirtió en pura cristal
la sangre para beber.
Todos crédito le dieron
y, puestos todos en pie,
unánimes le juraron
por capitán de Israel.
Al palacio real se parten
desde casa de Choré
a pedirle que consienta
que vuelva a Jerusalén
a dar a Dios holocaustos,
siendo otro Melquisedec
Arón, que ha de hacer oficio
de inocente y santo Abel.
Que a Faraón le dé cuenta
le dijo en el monte Horeb,
por señas que es quien lo manda
Dios del hijo de Thaté.
Después de esto, a tierra iremos
que ha de manar leche y miel,
gozando con libertad
de los campos de Belén.
Esto pasa, amigos caros,
ya están los dos con el Rey

y, aunque le pese, muy presto
libertad tendrá Israel.

(Vase Josué.)

Datán   Aguarda, amigo querido.

Avirón   Tente, amigo Josué.

Datán   Él se fue a ver lo que pasa.

Avirón   Pues, Datán, vamos tras él.

(Vanse y salen Arón, Moisén, y Faraón.)

Faraón   No lograréis, hebreos, ese intento
                 porque primero las estrellas fijas
                 bajarán de su estable y fijo asiento
                 que libre esté Israel, y tú le rijas.
                 Conocido está ya tu pensamiento
                 menester es, Moisén, que le corrijas
                 que todo el embeleco que has traído
                 mis sabios le han deshecho y le han vencido.
                    Tus varas y serpientes nada valen.
                 No de que llueva sangre yo me espanto,
                 ni que las aguas tanta rana exhalen
                 pues ostentan mis sabios que es encanto.
                 Y, como ves, tus trazas vanas salen,
                 vete a hacer ladrillo entre tanto
                 que ese Dios que publicas poderoso
                 me obliga que con todos sea piadoso.

Moisén   Advierte y mira, Rey, que el Dios que digo
                 es el Dios poderoso santo y bueno,

y sabe castigar a su enemigo...

Faraón   Ya vomito, de rabia, cruel veneno...

Moisén   ...como premiar, también, al que es su amigo.

Faraón   ...de que haga su gusto. Estoy ajeno.

Moisén   Pues, advierte, repara y considera
                  que te está amenazando muerte fiera.

Arón   Faraón, teme a Dios; que te amenaza.

Moisén   No pienses que por Rey has de escaparte.

Arón   Haz lo que el Dios de Isaac ordena y traza.

Moisén   Advierte, que este Dios puede mandarte.

Faraón   ¿Quién a que os mate a todos me embaraza?

Arón   Solo el Dios de Jacob que puede atarte.

Faraón   ¿Qué autoridad, Arón, ese Dios tiene
                  para que crea yo que así conviene?

Arón   ¿Qué más autoridad que haber criado
                  con solo un «fiat» las estrellas bellas,
                  el ángel luminoso y encumbrado,
                  y el Sol de quien reciben las estrellas
                  la luz que dan, y el cielo tachonado,
                  la tierra, el agua, el fuego, y sus centellas?
                  Éste es el Dios que envía esta embajada
                  que los dioses de acá no valen nada.

Faraón   ¿Cómo, bárbaro hebreo, así profanas
              las deidades divinas que venero?
              ¿Piensas que con mosquitos y con ranas
              que fabrica Moisén, siendo hechicero,
              tengo de hacer tus esperanzas llanas?
Arón   ¿No ves que las hará el Dios verdadero?

Faraón   ¿Cómo no se me acaba la paciencia?
              ¡Mueran luego los dos en mi presencia!
                 ¡Ah, de mi guarda real! ¡Váyanse fuera,
              y si vuelven aquí descomedidos,
              ejecútese en esos muerte fiera!

Moisén   Ya, Rey, nos vamos. Abre los oídos
              ya que tu corazón no es blanda cera,
              y desocupa todos los sentidos
              que has de ver en Egipto tal castigo
              que te dé confusión lo que te digo.

(Vanse los dos.)

Faraón   ¿Hay libertad como ésta de un hebreo?
              Aguarda un poco que con esta daga
              serás de mis rigores vil trofeo;
              y porque más mi sed se satisfaga
(Saca la daga.) tu sangre beberé. ¿Qué es lo que veo?

(Hay ruido de truenos, disparando escopetas, y por debajo del tablado sale
humo de manera que se cubra Faraón con él.)

              ¿Quieres que ya mi enojo se deshaga?
              ¿Qué es esto, cielos? ¡Qué me ahoga el humo!
              Dame agua, Nacor, que me consumo.

En tinieblas Egipto se convierte.
El aire denso ya vomita rayos.
¿Son acaso prenuncios de mi muerte,
o son de mis rigores los ensayos?
Llamen luego a Moisén —¡Oh triste suerte!—
que el corazón se aflige con desmayos.
¿No hay en palacio quién de mí haga caso?
¡Socórranme con agua que me abraso!

(Saca Nacor un jarro con sangre y un vidrio en una salvilla.)

Nacor   Ésta es el agua, señor.

Faraón   Echa, Nacor, porque beba.

(Echa la sangre en el vidrio.)

                        ¿Qué es esto? ¿Sangre me traes?
                        ¿Soy tigre hircana sedienta?

Nacor   Señor, agua cristalina,
pura y limpia entendí que era.
Agora vino del Nilo.

Faraón   ¡Ay, Nacor, ya comienzan!

Nacor   ¿Qué, señor?

Nacor   Las maldiciones
que al salir de aquesta pieza
Moisén dijo que vendrían
sobre Egipto.

Nacor   Si en aquésta

sola, señor, se acabaran,
no fueran tantas las penas.

Faraón   ¿Hay más desdichas, Nacor?

Nacor   Y tantas que el alma tiembla
de referirlas.

Faraón   ¿Qué ha habido?

Nacor   Que está abrasada la tierra
con langostas y cigarras.
Ya no hay pan, fruta ni hierba.
Todos los ganados mueren,
bueyes, camellos, ovejas.
Y cuanto en el campo estaba
muerto está de pestilencia.
Hombre, niños y mujeres
cubiertos están de lepra,
y todos los primogénitos
dejan las casa desiertas.
Todo es confusión y grita,
la triste madre lamenta,
que este rigor no perdona
ni a los hombres ni a las bestias.

(Sale Masar, como leproso, con muletas.)

Masar   Entre desventuras tantas
¿hay quién de Masar se duela?
¡Ay, que me muero, señores,
apriétame la cabeza!
Llamen algún cirujano
que de mí lástima tenga,

porque el alma hilo a hilo
se va.

Faraón   ¿Qué desdicha es ésta,
Masar?

Masar   Morir enleprado.
Mira, señor, si no dejas
ir al pueblo de Israel,
que ha de verte tu pelleja
como está la de Masar.

Faraón   Y entre los hebreos,
¿no entra este mal?

Nacor   ¿No hay uno malo?

Masar   No, señor, que en eso muestra
que gusta el Dios de Abrahán,
que es el Dios que ellos veneran,
que con libertad se vayan.

Faraón   Si tú de la gente hebrea
procedes, ¿cómo te alcanza
parte de este mal?

Masar   Entienda
que ha sido solo porque
sigo la ley gitanesca.

Faraón   Poco estas plagas importan,
vengan más mayores. Vengan
que no estimo al Dios de Isaac,
ni he de darle reverencia.

¡Muera el pueblo de Israel!

(Vase.)

Masar   ¡Ay corazón y cabeza!

Nacor   Faraón está obstinado.

Masar   Pues, guárdese de la lepra.

(Vanse y salen Moisén, huyendo de Datán y Avirón, que traen piedras en las
manos, y Arón y María metiendo paz.)

Moisén   Deteneos, amigos.
                         No os mostréis enemigos
                         pues sabéis que son buenos mis deseos
                         y si no por amigos por hebreos.

Datán   Moisén, de aquesta suerte
                         se ataja nuestra muerte,
                         pues con estas locuras has querido
                         que el pueblo de Israel esté afligido.

Avirón   ¡Muera Moisén!

Arón   ¡No muera!

Avirón   ¡Quién de aquesta manera
                         nuestra muerte cruel ha fabricado
                         acabe a nuestras manos apedreado.

Datán   Menos mal se pasaba
                         cuando él ausente estaba;
                         acabe de una vez este tirano

que nos ha puesto mal con el gitano.

María   ¿Qué os obliga, hebreos,
a hacer hechos tan feos
con el que vuestra libertad desea?

Datán   Antes es muerte de la gente hebrea;
que con lo que ha intentado
está el Rey obstinado,
pues la paja nos quitan y el sustento
con mayores tareas.

Moisén   Está atento.
El Dios que veneramos
dice que aquesto hagamos.
Vuestro enojo se ataje. El rigor cese;
que he de libraros aunque al Rey le pese.
Prevéngase el camino.
Éste es orden divino,
y porque vayan llenas vuestras manos,
sus joyas han de daros los gitanos.
Pedídselas prestadas,
que ajorcas y arracadas,
perlas, collares, oro, seda y grana
ordena Dios que os dé de buena gana.
Ya no hay que dilatarlo,
partid a ejecutarlo
que esta noche, aunque al Rey le dé molestia
no quedará en Egipto ni una bestia.

Arón   Luego al punto partamos.
A obedecerle vamos.

Datán   ¿Y si no nos sucede de esta suerte?

Arón   Que entonces a los dos nos deis la muerte.

(Vanse y sale Nacor y Faraón, y siéntase.)

Nacor   Lo que mandas, señor se hará al momento.

Faraón   Este Arón y Moisén me dan tormento.

([Vase Nacor y] canten dentro.)

Música   «La víspera del placer
                        dicen todos que es el mal.
                        Alégrate, no estés triste,
                        que todo en bien parará.
                        Mas también decirte quiero
                        que es lo cierto venerar
                        el Dios de los israelitas
                        que es el Dios de la verdad.
                        No confíes en tu reino
                        que no te podrá librar
                        de la muerte porque basta
                        quererlo el Dios de Abrahán.»

Faraón   Calla, villano canto.
                        Músico vil, calla ya;
                        que haré que te dé un verdugo
                        la muerte si cantas más.
                        Dioses divinos, ¿quién es
                        aqueste Dios a quien dan
                        nombre de Dios de Jacob,
                        Dios de Abrahán y de Isaac?
                        Decidme, ¿qué señas tiene
                        y veréis que su deidad

sirve de alfombra a mis pies.

(Sale Nacor deprisa.)

Nacor

¿Cómo tan de espacio estás
cuando todo el pueblo hebreo
está puesto en libertad
y haciendo burla de ti?
¡Con regocijo se va!
Todos los trastos de casa,
hasta el agreste animal
se lleva, porque no quiere
que cosa se quede acá.
Todos por Moisén se rigen.
Moisén va por capitán.
Póngase en armas tu gente
que antes de llegar al Mar
Bermejo, podrás cogerlos.
Esto en este estado está.
Como tu hechura te aviso
porque te puedas vengar.

Faraón

¿Es posible que un hebreo
se ponga a mi majestad,
y arrogante mi corona
quiera en el suelo postrar?
Póngase en armas mi gente.
Reviente el suelto alazán.
Vengan mis lucientes armas,
desde el morrión al talar.
Prevénganse municiones.
Empiece el parche a tocar.
Los pífanos y trompetas
de la guerra hagan señal.

Diga el sonoro clarín
que voy en persona allá
donde enseñaré a Israel
como me ha de respetar.
Rompan el viento las picas.
Nacor, cruja el tafetán;
que revienta el corazón.

Nacor   Toque el tambor a marchar.

(Vanse y tocan cajas, y estará un palenque hecho por donde vaya saliendo
todo el pueblo de Israel, hombres y mujeres con niños a cuestas, y jumentos
cargados de colchones, calderas, varillas, cedazos, ajos y cebollas y otras
cosas y instrumentos, y detrás Moisén, Arón y María y las demás mujeres,
Datán, Avirón y Josué, y suben todos al tablado y lleva Moisén la vara.)

Moisén   Gracias demos a Dios, hermanos míos,
por las mercedes grandes que nos hace.
No diréis que no cumple su palabra
y en la mayor tribulación acude.
Bien visteis cómo el mar puente nos hizo
deteniendo las aguas su corriente,
porque al poder de Dios todo es posible.

Arón   Descansemos, Moisén, si te parece
ya que Dios nos ha hecho merced tanta.

Datán   ¿No miras cómo el mar se está parado
y no quiere volver a su corriente?

María   Algún milagro nuevo está aguardando.

Avirón   Y merced ha hecho a Egipto en que se quede
abierto el mar sirviendo de camino.

Arón

Tomen los instrumentos los que saben
y en agradecimientos canten algo.

(Tocan cajas.)

Josué

Los instrumentos ya de nada sirven
porque suenan las cajas arrebato,
y ya de Faraón suena la chusma
que con gran furia tras nosotros viene.

Datán

¿De qué sirve, Moisén, haber salido
del poder de este bárbaro si agora
cogiéndonos aquí presos volvemos?

Avirón

¿Qué ha importado que el mar se dividiese
si ofrece a Faraón el paso libre
para que vuelva a ser nuestro verdugo?

María

Sin duda que los dos buscáis el daño
del pueblo de Israel.

Moisén

                      ¿También María
pierde la confianza?

María

                      No te espantes
si, cuando ya por libres nos juzgamos,
otros mayores daños comenzamos.

Moisén

Esperemos en Dios, pueblo israelítico,
que es nuestro amparo y lo ha de ser agora.

Datán

¿Qué habemos de decir cuando nos digan
dónde está vuestro Dios, si en este caso

nos desampara agora?

Moisén   No hayas miedo
que es todopoderoso y lo que quiere
con solo su querer se hace luego.

Datán   Ya están dentro del mar, y van pasando.
En gran peligro nos habemos puesto.

Avirón   Ya de estar libre la esperanza pierdo.

(Con la vara hace que toca al mar.)

Moisén   Amigos, poné en Dios la confianza;
que esta vara ha de ser nuestra venganza.

Arón   Ánimo, mis hebreos, que las aguas
se han vuelto a su corriente. Ya es sepulcro
de Faraón y todos sus secuaces
el piélago profundo. Ved si acude
en las necesidades a ayudarnos,
y lo que a unos es puente plata
sirve de muerte a otros, pues los mata.

Moisén   En el Dios verdadero el hombre espere
que es poderosos y hace lo que quiere.

Avirón   Uno sale nadando y acá viene.

Moisén   Pues, creed si ha salido que conviene.

(Sale Masar mojado, vomitando agua y como nadando.)

Masar   Aguarda, Moisén valiente,

asombro de Capitanes,
que viene a ser tu soldado
Masar, que del agua sale.
Descendiente soy heroico
de la israelítica sangre
que por eso Dios permite
que agora no me ahogase,
y aunque he servido en Egipto
como todos ya lo saben,
fue por no ser ladrillero
y del veedor escaparme.
Mas lo que siendo gitano
permitió que lo pagase,
pues agora el golpe de agua
me cogió los carcañales.
Y te prometo a fe mía
que después que echó mi madre
al pobre Masar al mundo,
nunca he tenido peor tarde;
que está del agua que el agua
a nadie buen cuerpo hace,
y fuera más feliz suerte
que me ahogara en vinagre.
Finalmente Faraón,
con soldados y bagajes,
carros, caballos y yeguas
en el Mar Bermejo yacen.
Todos quedan sepultados.
Sigue Moisén el viaje
que ya libre está el camino
y desde hoy todos te llamen
el capitán de Israel.
Y aquí para repararme
del agua que allí bebí,

pido que de vino me hartes.

Moisén   Después de dar a Dios gracias
                  debidas por casos tales,
                  Masar se hará lo que pides,
                  y agora es bien que se cante
                  la gala del vencimiento
                  en concertados cantares.
                  Sed todos agradecidos
                  pues ya cubren sus cristales
                  el caballo y caballero
                  que nos perseguía arrogante.
                  Levantad los corazones
                  a Dios.

Arón   Vamos a aquel sauce
                  donde en voces concertadas
                  porque los niños descansen
                  las gracias a Dios daremos.

Datán   Vamos, y aunque aquí se acaba
                  esta comedia el autor,
                  no pide perdón a nadie
                  de las faltas que tuviere
                  hasta la segunda parte

                  Fin de la comedia

Libros a la carta

A la carta es un servicio especializado para

empresas,

librerías,

bibliotecas,

editoriales

y centros de enseñanza;

y permite confeccionar libros que, por su formato y concepción, sirven a los propósitos más específicos de estas instituciones.

Las empresas nos encargan ediciones personalizadas para marketing editorial o para regalos institucionales. Y los interesados solicitan, a título personal, ediciones antiguas, o no disponibles en el mercado; y las acompañan con notas y comentarios críticos.

Las ediciones tienen como apoyo un libro de estilo con todo tipo de referencias sobre los criterios de tratamiento tipográfico aplicados a nuestros libros que puede ser consultado en Linkgua-ediciones.com.

Linkgua edita por encargo diferentes versiones de una misma obra con distintos tratamientos ortotipográficos (actualizaciones de carácter divulgativo de un clásico, o versiones estrictamente fieles a la edición original de referencia). Este servicio de ediciones a la carta le permitirá, si usted se dedica a la enseñanza, tener una forma de hacer pública su interpretación de un texto y, sobre una versión digitalizada «base», usted podrá introducir interpretaciones del texto fuente. Es un tópico que los profesores denuncien en clase los desmanes de una edición, o vayan comentando errores de interpretación de un texto y esta es una solución útil a esa necesidad del mundo académico.

Asimismo publicamos de manera sistemática, en un mismo catálogo, tesis doctorales y actas de congresos académicos, que son distribuidas a través de nuestra Web.

El servicio de «libros a la carta» funciona de dos formas.

1. Tenemos un fondo de libros digitalizados que usted puede personalizar en tiradas de al menos cinco ejemplares. Estas personalizaciones pueden ser de todo tipo: añadir notas de clase para uso de un grupo de estudiantes, introducir logos corporativos para uso con fines de marketing empresarial, etc. etc.

2. Buscamos libros descatalogados de otras editoriales y los reeditamos en tiradas cortas a petición de un cliente.